叩けよ、さらば開かれん

19歳で起業した会社が
行幸啓を賜る、その旅路

柳本 忠二

RIGHTING BOOKS

はじめに

創業してから干支が一回まわったとき、会社を維持できていたら、自分が会社を立ち上げた意味が残る。

そのような話を聞いたことがある。

さらに12年をもう一回り、つまり24年維持できれば大したもの。36年続けば大成功、だそうだ。

私の会社は1964（昭和39）年に創業し、今年でちょうど60年目になる。つまり、会社を立ち上げた意味も、大成功も、すでに手に入れた状態だ。

ならば、その意味を「自叙伝」として形にしよう、と考えた。

……とはいえ、私はまだ生きている。偉そうなことを書いても、その後の人生で大失敗するかもしれない。それなら、天寿を全うした後に、誰かに書いてもらうほうがいいのかもしれない……。

不意に、そのような後ろ向きの思考に囚われてしまい、ずいぶん悩んだ。資料を作って残しておけば、誰かがいつか書いてくれるのではないか、と。

だが、よくよく考えてみれば、その可能性は極めて低い。ほとんどの自叙伝は、生きている間に作られている。本人の死後に、その人生を世に残そうと他者が出版する事例もあるが、それは誰もが知っている素晴らしい功績を残した人間だけだ。私など、どれだけ資料を残しても、使われることなく廃棄されてしまうだろう。

生まれてから死ぬ直前までのすべてを記す必要はない。人生の核をなす部分を中心に残せばいい。

納得して、ようやく重い腰を上げた。

人生の一部を残したとしても、それで何かが変わるわけではない。

出版の有無にかかわらず私の人生は続いていくし、この世を去って100年後まで本が残っていたとしても、たとえばひ孫が私のことを「知りたい」と思ってページをめくってくれるかどうかは、わからない。私自身、曽祖父のことを知りたいと思ったことなどない。

だが、私の人生にはひとつだけ、おそらく時代が変わっても多くの人々の興味をひくであろう出来事があった。

自分が作った会社に、天皇陛下と皇后陛下がご視察に来られたのだ。

大阪府八尾市の、当時は従業員50人にも満たない町工場だった。しかも天皇陛下がご訪問される「行幸」ではなく、両陛下がそろってお越しになる「行幸啓」が民間企業で行われたのは、おそらく現時点（令和6年9月）では当社のみであろう。

それまでの会社の歩み、そして当日の出来事を記すことには、意味がある。素晴らしい出来事も、偉人の教えも、時代とともにどんどん形が変わって伝わってしまうからだ。それは伝える人間の主観であったり、時代に合わせた変貌であったりするのだろう。だからこそ、当時のことを当時の人間が記録した資料は、貴重なのだ。

この自叙伝が、将来、私の子孫や社員たちが「その頃の出来事を知りたい」と思った時に役立つかもしれない。

そのような期待と願いを込めて、筆をとった。

今は、記憶を整理しながら「人生の卒業記念」を作っているに過ぎない。

この本が出版されたとき、手に取ってくれた人の何かの役に立ったり、何らかの意味を見出してもらえたなら、望外の喜びである。

序章

天皇陛下・皇后陛下のご視察

2005（平成17）年8月22日、午後3時すぎ。

真夏の太陽が降り注ぐ中、水田に囲まれた大阪府八尾市にある株式会社レザックの本社の外には、約7000名もの人々が集まり、日の丸を手に沿道に立って、その時を待っていた。報道関係者も2時30分にはこの駐車場に到着して、撮影準備を整えていた。

近畿自動車道の長原ICからレザック本社までは、距離にして2kmあまり。その道路は、京都府警、大阪府警、兵庫府警から集まった精鋭の機動隊、約3000名によって埋め尽くされていた。アリの子一匹見逃さない厳重警戒が敷かれ、事前に登録された人間以外は、このエリアに決して入ることができない。マンホールの蓋は溶接され、河原の草もすべて刈り取られていた。

私の全身は、暑さと緊張から早々に汗まみれになっていた。

午後3時12分。沿道から盛大な拍手が湧き起こった。

護衛の白バイ2台が先導し、まず黒塗りの車が到着した。この車には運転手と警察、宮内庁の職員が乗っており、そのまま本社の脇の道路へ進んで行く。

続いて2台目の車——御料車が駐車場に入ってきて、停車した。

車の扉が開き、下車されたのは、天皇陛下と皇后陛下。

そして両陛下は、集まった人々に笑顔でお手を振ってお応えされた。

途端に、辺りの空気が変わった。

どこにでもある地方の町工場は、両陛下がお姿を現しただけで、まるで悠久の歴史を有する神社の境内のような、厳かな雰囲気に包まれたのだ。

背筋が伸び、心身が引き締まる。いつもの自分ではいられなくなり、言葉も振る舞いも慎重にならなければと、誰に命令されるでもなく己を戒めていた。

陛下がこちらを振り返った。

私は車のほうに歩み寄り、ご挨拶をした。

「当社の代表取締役をつとめております、柳本忠二と申します」

深く頭を垂れる。まずは天皇陛下に。そして皇后陛下に。

皇后陛下に頭を下げた時、両陛下がお辞儀をしてくださったことがわかり、一層緊張が増した。一瞬が、10秒にも1分にも感じた。

もう大丈夫だろう、と思って頭を上げたとき――

「――っ!!」

心臓が、口から飛び出るかと思った。

両陛下はまだ、頭を上げておられなかったのだ。

なんという不敬か。パニックになりそうな頭を必死に抑えて再度低頭したが、もう遅い。

玄関前に待機している近畿経済産業局長、大阪府商工労働部長、八尾市長、八尾市議会議長のもとへご案内しなければならない。

「どうぞ、こちらです」

彼らが両陛下と挨拶している間、私はそれを見守りながら「なぜあと少し辛抱できなかったんだ、どうして先に頭を上げてしまったんだ！」と、自分の失態を猛省していた。

だが、両陛下の視察は今から始まるのだ。これ以上失敗するわけにはいかない。頭に叩き込んだスケジュールを思い出し、全力で気持ちを切り替えた。


まずは2階の社員食堂で、１０分間ご休憩いただいた。

その後、デモンストレーションルームにご案内した。この日のためにレザックと菱屋の年表を作成し、抜型製作の各工程のパネルとサンプルも並べて、展示室を作ったのだ。

はじめに、菱屋とレザック、２社の概要をご説明した。

ご到着された両陛下

デモンストレーションルームにて

菱屋は、1964(昭和39)年、私が19歳のときに抜型メーカーとして創業した。抜型については後で詳述するが、読者諸君には、ひとまずクッキーの型抜きのようなものをイメージしていただきたい。大きな紙に、商品パッケージの展開図がずらりと印刷されている。これをプレス機で一度に打ち抜く作業を「トムソン加工」といい、打ち抜くための型を「抜型」と呼ぶ。

抜型の製作は職人による手作業が主流だったが、私は1979年にドイツからレーザー加工機を導入し、職人が糸鋸で行っていたベニヤ板への溝加工を機械化した。その後、他の工程も機械による自動化を目指して、各種機械とCADシステムの開発を開始。1982年には機械開発・販売部門を独立させる形で、レザックを設立した。

次に、どのようにして商品パッケージが出来上がっていくのかを、ルイボスティーの箱のサンプルをご覧いただきながら、ご説明申し上げた。

前日まで何度も予行練習をしたが、あまりに緊張しすぎて、きちんと練習通りにできたかどうかは、ほとんど覚えていない。ただ、両陛下は静かに耳を傾けてくださり、1000分の1㎜から1万分の1㎜の精密さで製作していることをお伝えしたときは、「小さな数字ですね」

と、少し驚いたようにおっしゃったことが印象に残っている。

それ以外でも、一つひとつのサンプルをじっくりと、興味深そうに見てくださっていたように感じた。

断言できないのは、宮内庁から「陛下の目を正面から、直接見てはならない」と言われていたからだ。説明する時やご案内するときも、視線は常に斜め下に維持しなければならなかった。だから、陛下がどのようなお顔をされていたのかを知ったのは、この後の懇談の席のことである。

続いて、抜型の用途についてご説明をさせていただいた。

抜型は、紙の箱だけではなく、化粧品や菓子のパッケージに使われるプラスチック製のクリアケースや、自動車シート等の自動車内装品、コンピュータ等の電気電子部品にも使われている。それらを、用意したサンプルをもとに一つずつお伝えしていった。

抜型製作のために自社で開発した技術の多くは特許を取っていることを簡単にお伝えして、デモルームでのご説明を終えた。

次に、ご視察場所を1階の機械製造工場に移した。

まずは、部品の製造。抜型製作に用いる機械は、すべて部品から自社で製造している。その製造の様子をご覧いただいた後、それらの部品を組み立てて完成した機械のうち、レーザー加工機、抜型用刃物自動曲げ機、自動製図・サンプル加工・面板加工機の複合機の3台について、ご説明申し上げた。

最後に、この日のために開発した新製品、小型レーザー加工機をご紹介した。炭酸ガスレーザーを使用し、シールやラベルなどの二層になっている材料の、上部だけを切断する「ハーフカット」を高速で行う機械だ。この機械を使って、アクリル板に次の文章を書いて行く様をご覧いただいた。

天皇皇后両陛下　御視察ありがとうございます。

我が国の産業発展の一助となるべく　これからも尚一層精進いたします。

株式会社レザック　社員一同

いわゆる袋文字で書いていくため、通常の書き方とはまったく違う。皇后陛下から「すごいですね。この書き順は、どうなっているのですか?」

とのご質問をいただいたときは、短期間で必死に開発した努力が報われた気がした。レザックで作っている機械は、どれも一般的に知られているようなものではない。そのため、できる限りわかりやすい説明になるようにしっかり台本を作り、事前打ち合わせで近畿経済産業局の局長が来所したときに、何度も練習させてもらった。説明の流れや声の大きさ等が適切かどうか、すべて確認した。それでも、この仕事のことを両陛下にご理解いただけたかどうかは、全く自信がなかった。

だが、工場をご視察されたおよそ20分間、両陛下は自動加工機やサンプルを熱心に見てくださり、社員たちにも「これからも、ものづくりの発展のためにがんばってください」と、励ましのお言葉をかけてくださった。社員たちはその時間を一生忘れないだろうし、話を聞いた家族も誇りに思っただろう。

ご視察を終えられた後は、2階の休憩所に戻り、15分間の懇談タイムだ。

入室された陛下は、席に着かれる前に、窓の外をご覧になった。その向こうには、皇室に縁のある風景が広がっていた。

「あれが、二上山ですか」

私は「そうです」とお答えした。

視察中は、工場内には従業員がいるし、宮内庁の人間や報道陣も大勢いた。機械の音や、カメラのシャッター音、フラッシュの光などが飛び交い、賑やかな状態だった。

だがこの懇談の時間は、たいして広くもない部屋に、天皇陛下と皇后陛下、私と妻、レザック取締役2名、八尾市長、八尾市議会議長の8名のみ。宮内庁の人間も報道陣もいない。使い慣れているはずの社員食堂は、静かで、清らかで、厳粛な空気に満たされていた。まるで、人間が立ち入ってはならない神域に招かれたような心地だった。果たして、自分の人生にこのような時間が訪れることを、想像できる人がいるだろうか。

陛下は、八尾市の産業やレザックについてご質問をされたり、ご感想を述べられたりした。

私はそれまでの間に一通りのご説明をさせていただいたので、あまり多くはお話しできなかった。他の人も、陛下から直接お言葉をいただけるという緊張から、十分な受け答えができていなかった。そのせいか、この15分間の懇談についても、あまり記憶がない。

ただし、ひとつだけ明確に覚えていることがある。息子の話題になったときだ。

工場のご視察を終えられて2階に移動する直前、私は2人の息子を両陛下にご紹介させていただき、中学生の途中から10年ほど海外留学させていたこと、最近帰国したことなどをお伝えした。そのことを思い出されたのか、皇后陛下は妻に、優しくお声をかけてくださったのだ。

「10年間、お寂しかったでしょう……？」

その温かなお心遣いを、私も妻も、今もはっきりと思い出せる。

だが、残念なことに、私はここでも大失敗をしてしまった。

両陛下は当然のごとく多忙であり、そのスケジュールは一分一秒を争う。そのため、事前に分刻みのタイムスケジュールが組まれており、必ず時間を守るようにと言い渡されていた。

懇談の時間は、15時55分から16時10分まで。時間になれば宮内庁の課長が、扉の外から控えめにノックで合図をするので、そこでお開きになる段取りだった。

ところが緊張のあまり、私はそのノックを聞き逃してしまった。他の人たちは聞こえていたのかもしれないが、陛下がお話しされているのを、途中で止めることなどできなかったのだろう。

そのまま5分間が経過したところで、今度は明確なノック音が聞こえた。私は「本日は誠にありがとうございました」とお礼を申し上げて、立ち上がった。部屋を出る準備をしながら、ふと時計を見た時は、全身の血がザアーッと凍りついたものだ。

両陛下は最後に、

「これからも、ものづくりの発展のために、がんばってください」

「社員の皆様も、健康にお気をつけてください」

と、あたたかなお言葉をくださった。

そして、外で待っていた多くの人々に笑顔で手を振り、お車に乗車されて、レザックを後にされた。

その車が見えなくなり、緊張から解放された私は——なぜか、すぐに足が動かなかった。

集まった人々や報道陣は、それぞれ解散していく。警備の人間たちも、すでに次の命令を受けて行動を始めていた。

私も、関係者の皆様にご挨拶し、従業員に声をかけて、通常業務に戻らなければならない。ぼうっとしている暇はない。自分の仕事をやらなければ。

そう言い聞かせて、ようやく足が動いた。

懇談会で使用したテーブルセット

お見送り

だが、頭の中はどこか、ふわふわとしていた。

それまでは、誰も作ったことがない抜型を作り、抜型製作の機械化を実現し、会社を大きくして売上をあげることに心血を注いでいた。

だが、それではダメだ。

15時12分から、16時17分まで。

この1時間と5分で、私の人生観は大きく変わった。両陛下とお会いして、今までとは異なる価値観が自分の中に生まれていたのだ。

陛下のお言葉通り、ものづくりの発展に貢献する。その仕事は続けていく。

だが、陛下はものづくりだけではなく、日本国民全員の幸福を願っておられる。そのために、厳しいスケジュールで日々、ご公務をこなしておられる。たった1時間と5分、お隣で過ごしただけで、それが痛いほどわかった。

それに比べて、自分はどうだった？　これまでの時間を、何のために使ってきた？

改めて己の人生を振り返り、身の縮む思いがした。

第1章

人と技術の原点

独立心が強い柳本家の次男

1944（昭和19）年9月4日。私は終戦の1年前に、和歌山県の岩出町（現・岩出市）の山間部で、柳本家の次男として育った。ちなみに、紀ノ川の対岸の集落には松下幸之助翁の生まれ故郷である和佐村があった。

戦後の動乱期だったが、柳本家はそれなりに余裕ある生活を送っていた。ほとんどの子どもは1年間しか通えないカトリック系の私立幼稚園に、私は2年間通っていた。そのことからも、当時の柳本家の経済状態を推し量ることができる。

家族総出で農業に勤しむ家が多い中、父と祖父は選果場を営んでいた。地場でとれたみかん、柿、桃といった果物の選別や箱詰めなどを行い、市場へと卸すのだ。

祖父は一時的に分校の校長を務めたことがあったし、父は土建屋も立ち上げてさまざまな建設現場で辣腕を振るい、小さな村の中で会社を成長させていった。母は、田舎では特に社会的地位が高い小学校の教師だった。そんな柳本家は、おそらく村の中では目立つ存在だったことだろう。

私は、他の同級生と比べて常に身体がひと回りもふた回りも小さかったが、4～5歳頃にはすでに独立心が芽生えていた。一人でいるときに寂しいと感じたことはなく、暗くなるまで外をよくうろついていた。母親に怒られたときは家を飛び出して身を隠し、夜になっても帰ろうとしなかったので、大人たちは私を見つけるのに苦労していた。

一人でこっそり冒険したこともある。

「蒸気機関車は、走り出す時と停まる時、速度がゆっくりになる。そのタイミングなら、飛び乗ったり飛び降りたりできる。切符を買わなくても遠くまで行ける！」

そう考えた私は、駅を出た直後の蒸気機関車にこっそり乗り込み、終点の和歌山市駅の手前で飛び降りた。途中、車掌が検札にきたときは、トイレにこもってやりすごした。

だが、別に和歌山市に用事があったわけではない。たどり着いたはいいが、やるべきことは特になく、ぶらぶ

カトリック系幼稚園の卒園式（白枠内が私）

らと歩いているうちに迷子になってしまった。

だんだん日が暮れてきて、腹もすいてきたが、もちろんお金など持っていない。所在無く佇んでいると、通りがかった若い女性が「どうしたん？」と声をかけてくれて、月見うどんを食べさせてくれた。そのあと、駅まで送ってくれたのだ。

駅員は困った顔をしつつも、無銭乗車をきつく咎めたりはせず、私が戻るための方法を考えてくれた。結論として、私は荷札をつけられ、貨物列車で運ばれることになった。

こうして、優しい大人たちのおかげで、私の冒険は無事に終わった。帰宅が遅くなったため母親には注意されたが、私は満足のうちに眠りについたのだ。

小学生で「商売」を始める

小学生時代、柳本家では「1日の小遣いは5円」というルールがあった。だが、5円で買えるものなどたかが知れている。自分が欲しいもの——たとえば『冒険王』や『少年ブック』等の少年月刊誌の広告に載っている、子ども心をくすぐる飛び出しナイフなどのおもちゃを買おうとすれば、50円は必要だった。

そのため私は、親に内緒で働くことにした。選んだのは、夏場限定のアイスキャンディー売りだ。アイスキャンディー屋から商品を一箱（５０本入り）１７５円で仕入れて、学校に出向き、先生や生徒を相手に１本５円で販売。

１本あたり1円５０銭の利益が出るため、完売すれば75円の利益が手に入る。一方で、売れなければ自分が損をするというリスクもあるため、仕事には身が入った。私は意図せず、小学生のときから完全仕入れ制の販売業を経験していたのだ。

夏休みはとくに、朝から晩まで出ずっぱりで仕事に精を出した。だが、儲かったとしてもそれを吹聴したりせず、すべて秘密裏に行った。金を貯めることが楽しかったのだ。

金をたくさん貯めたい。その欲求に抗えず、商売以外の方法まで試したことがある。

私たち兄弟3人には、竹筒の貯金箱が与えられていた。現代の貯金箱のように底に蓋がついていて中身を簡単に取り出せるような物ではなく、竹を割らなければお金を取り出すことができない仕組みだった。

そこで私は、下敷きを細い板状に切って、兄と弟の貯金箱の投入口にこっそり差し込んだ。そうすることで、硬貨は竹筒の底まで落ちることなく板の上に留まり、うまく角度をつければ投入口から取り出すことができたのだ。誰かに教わったわけではなく、自分で考えて編み出した。抜き取る枚数はバレない程度に抑えていたため、おそらく兄も弟も気づかなかっただろう。当時は「しめしめ」と得意げになっていたが、こうして振り返ると、たいへん悪いことをしたと反省している。

また、当時は川原に落ちている錆びた鉄くずを拾い、くず鉄屋に持ち込めば、10〜15円で換金できた。だが私は、くず鉄屋の裏に積んであった鉄をこっそり持ち出し、さもどこかから拾って来たような顔をして、表の店で売った。同様の手口で、酒屋で一升瓶の空き瓶を売ったこともある。

毎回、周到に計画してから実行した。一度成功した店では二度とやらないというルールも自分に課していた。そのため、捕まることはなかった。

「大人たちは、子どもがこんなことするなんて、想像すらしてへんはずや」

私にとっては、それこそが付け入る隙だった。バレれば厳しく叱られ、返金を求められるだろうが、慎重にやれば大丈夫という自信があった。

唯一、私が恐れて警戒していたのは、母だった。

多少のいたずらは許してもらえたが、いたずらでは済まない行為には、鬼のような仕打ちが待っていた。この商売が母にバレたとき、一体どんな目に遭うのか……想像するたびに背筋が寒くなった。だからこそ、真剣に取り組んだ。

誰も考えていないこと、思いつかないことを、慎重に計画を練って実行する。リスクを正しく理解し、経験を重ね、知恵を磨いていくことが、子ども心にも楽しかったのだ。

――とはいっても、他人の商品を盗んで売るという行為は、どのような時代・年代であっても許されることではない。当時のくず鉄屋と酒屋はなくなってしまったため、もはや罪を償うことはできないが、せめて生きている限りは社会に貢献し続けるつもりである。

命運を分けたジェーン台風

１９５０（昭和２５）年9月3日、日曜日。

死者３３６名、行方不明者１７２名、負傷者1万９３０名という未曽有の大災害として歴史に名を残したジェーン台風が、大阪市を中心に近畿地方を直撃した。

その日、花園村では暴風雨の中、防災ダムの完成記念祝賀会が催された。村長や町会議員も集うほど、村を挙げての一大イベントだっただけに、日程を変更することが難しかったのだろう。

当時5歳だった私に詳細を語れるはずもないが、父がその日の主役であったことは間違いない。父は、ダムを建設した会社の社長だったのだから。

強風が広場に張ったテントを煽り、雨は激しく地上を叩いていた。だが、それらは宴の進行を妨げはしたが、中止させるには至らなかった。それは、戦時中に味わったどん底から這い上がろうとする、人々の強さだったのかもしれない。第二次世界大戦後の復興事業のひとつに位置付けられた仕事を成し遂げた父も、さぞや鼻高々であっただろう。

これほど儚い栄光があるだろうか。ハレの日に立ち込めた暗雲は、美酒に酔いしれる父に、最悪の結末を運んできた。

宴の終わりが見えてきたその時、突如、ダムが決壊した。大量の水が凄まじい勢いで、ダムの下にある会場へと流れ込んできたのである。

――流されたら、死ぬ！

父はとっさに私を抱き上げ、首筋のあたりまで水に浸かりながら必死に立ち続けた。本能的に死を意識した私も、無我夢中で父にしがみついた。

水の勢いがおさまるまで、どれくらいの時間だっただろう。全身を襲う水圧は私と父を引き離そうと意思を持っているかのごとく暴力的で、一瞬も力を抜くことはできなかった。死にたくない、死にたくない、死にたくない――。

毎秒訪れる恐怖と全身全霊で闘ったあの感覚は、75年近く経った今でも鮮明に思い出せる。

気づけば、襲いかかる水は消えていた。父は私を抱き上げたまま、しばらくの間、壊れたダムを見上げて立ち尽くしていた。他の人々が状況を把握しようと、あるいは混乱から立ち直ろうと、口々に何かをまくしたてて忙しなく動きまわる中、父だけが無言で静止していた。

何を思っていたのか、感じていたのか、同じ経営者になった今でも推し量ることはできない。

不運なことに、父は建設工事費を3分の1程度しか受け取っていなかったようだ。契約内容に「完成後、検査で不具合が見つかれば造り直す」という条件があったことも仇となった。小さな村の土建屋に、下請会社に工事費を支払う企業体力は残っておらず、父は会社をたたまざるを得なくなってしまったのだ。

柳本家の没落と、独立心の開花

ジェーン台風が契機となったのは確かだが、その日を境に、柳本家が勢いよく転げ落ちていったわけではない。父は廃業後も建築関係の仕事を続け、庶民の憧れだったホンダのドリーム125ccのバイクを買っていた。しばらくの間はそれなりに蓄えがあり、経済的にもゆとりがあったのだろう。さらに母は地方公務員であったため、一家が食いっぱぐれるような不安要素はないはずだった。

問題は、両親の関係にあった。

母は、当時の言葉で端的に表現すると「ハイカラばあさん」だった。庶民の普段着が着物だった時代にスラックスを履き、腕時計を身につけていた。田舎ではかなり目立つ、派手な女性だった。

四国生まれの母は師範学校を卒業後、普通自動車、貨物三輪、大型二種といった運転免許だけでは飽き足らず、歯科技工士、英語教員など、分野を問わず資格・免許の取得に情熱を燃やしていたようである。私の勉強好きで口が達者なところは、母の影響が大きいのだろう。

対して、父は寡黙な人間だった。家庭においても男性の権威が強い時代だ。母に対する不満を聞いたことはないが、おそらく、母のほうが高学歴であることが面白くなかったのだろう。父は和歌山市内で、愛人を作っていた。母とは好対照をなす純日本風の奥ゆかしい女性で、戦争未亡人だった。その女性との間には、私と同じ年齢の息子もいた。

さらに、父は自身の浮気を隠そうともしなかった。私はその場にいなかったが、父の愛人は一度、息子とともに柳本家にやって来て「この子を引き取ってください」と母に頼んだことがあるらしい。母は当然断ったが、その子どもの顔は、私と見分けがつかないほど似ていたようだ。

「お前みたいな出来の悪い息子を持つくらいやったら、あの子を引き取ったほうがよかったわ」

私が悪さをするたびに、母は冗談とも本気ともつかない顔で、そんなことを口にした。その胸にどのような思いが渦巻いていたのかは、もはや知る由もない。

私が父と会った回数は、両手で数えられる程度しかない。私が生まれてから、つまり愛人が子どもを産んでから、父はほとんど家に帰ってこなかったからだ。父にとっては、もしかしたら母のほうが「二号さん」だったのかもしれない。離婚という形をとっていないだけで、柳本家は事実上の母子家庭だった。

ジェーン台風で父の会社が潰れてから6年後。私が中学1年生のときだ。

ついに父に愛想を尽かしたのか、はたまた積年の恨みを晴らすための復讐だったのかは、わからない。

母は突然、子どもたちを放り出して柳本家を去った。後から知ったことだが、私たちが知らない男性と一緒だったらしい。いわゆる駆け落ちだ。

長男である兄は、すでに父と愛人が住む和歌山市の家で暮らしていた。つまり、私と小学生の弟、そして妹のみが柳本家に残され、自力で生きていくことを余儀なくされた。

家族がバラバラになり、頼れる大人もいない。

それでも、寂しいとは思わなかった。

「人生は、ひとりで生きていくものだ」

それまでの経験から、私の胸にはその覚悟がしっかりと固まっていたのだ。

とはいえ、問題もあった。生きていくためには、食べなければならないからだ。

米や小麦粉は、月に一度、村役場に行けば受け取ることができた。それが戦後の配給制度の名残だったのか、親がいないためだったのかは、わからない。ともかく、最低限の主食は確保することができた。

それだけでは、育ち盛りの子どもの腹を満たすことはできない。私は朝に牛乳配達、夕方に新聞配達をして、毎日せっせと働いた。月に数百円を稼いで、３人分のおかずを買ったり作ったりしていた。

しかし、それでも足りなかった。空腹に耐えかねて、他人の畑の野菜や、漁師が仕掛けた罠からうなぎや鮎などの食糧をかすめ取ったこともある。「これは泥棒だ」と理解していたが、生きるためには手段を選んでなどいられなかった。

母が家を出て行ってからの日々は、空腹と仕事に塗りつぶされて、楽しい思い出はほとんどない。だが、私は前を向き続けた。強い心の支えがあったからだ。

それは、本に描かれた数々の物語だった。

小学生の頃から本の虫で、中学2年生のときには図書館の本はすべて読破していた。それでも飽き足らず、役場に置かれていた、およそ子ども向けではない本まで片っ端から借りて読み漁っていた。電気代が払えず、夜に電気がつかなくなった時も、ろうそくの明かりで読み続けた。そのうちに、自分が一人前の大人になったような気分になり、マセた考えを持つようになっていったのだ。

不思議なことに、不幸な結末を迎える物語を読んだ覚えはない。とりわけ好きだったのは、フランシス・ホジソン・バーネットの『小公子』や、アレクサンドル・デュマ・ペールの『モンテ・クリスト伯』など、さまざまな苦労の末に、最後は勝ちを手にするという物語だ。それらの主人公を自分自身に置き換えると、どのような状況にあっても生きる勇気が湧いてきた。

「人生は、ひとりで生きていくものだ」

両親がいなくとも自分は生きていける。いまは生きるだけで精一杯だが、ここではないどこかにたどり着いた時、明るい未来が待っているはずだ。

そう信じて、鉛色の雲に覆われた空の向こうに、いつか訪れる青空を見つめていた。

冒険の始まり

航海中に嵐に遭遇し、見知らぬ島に打ち上げられてしまった主人公が、自分たちで生活を切り拓いていく。幼い頃の私は『十五少年漂流記』や『ロビンソン・クルーソー』のような冒険物語に、ずっと憧れていた。

「うだつのあがらない田舎での生活を抜け出し、誰の力も借りることなく、新天地で人生を開拓したい」

そして、１９５８（昭和３３）年６月２２日。かねてより思い巡らせていた出奔計画を実行した。

中学生になっても、私は食費を稼ぐためのバイトに明け暮れていた。学校にはほとんど通っていなかったが、３年生の６月の修学旅行だけは参加し、それを自分の「学生時代の最後の思い出」にすると決めていた。

初めて訪れた東京は、何もかもが新鮮で、珍しかった。皇居正門前の二重橋を背に集合写真を撮り、東京タワーにも登った。すべての旅程を終えて羽田空港から飛び立った頃には「これ

修学旅行の集合写真（白枠内が私）

で、もう思い残すことはない」と感じていた。

帰宅するやいなや、私は学校の記章を外し、ボストンバックに教科書や筆記用具、日用品などを詰め込んだ。翌朝、茶碗一杯分の麦飯を炊いて、半分だけ食べてから、アルバイトでせっせと貯めた軍資金1000円を握りしめて家を出た。交番の前を全力で駆け抜け、大阪に向かう蒸気機関車に乗り込んだ。

「この身一つで、新天地に行く。二度と和歌山には戻らない」

その覚悟は決まっていた。

和歌山の外には親戚も知人もいない。だが、母がいた。一度だけ、母から手紙が届いたのだ。まずはその住所——母の家に向かい、次のステップはそこで考えればいい。おぼつかない計画だったが、私は汽車に揺られながら、冒険の始まりに胸を躍らせていた。

大阪に到着し、住所の場所にたどり着いたとき、計画はあっけなく打ち砕かれた。

そこは、郵便物の取次所だったのだ。

よく考えてみれば、母は相応の覚悟で駆け落ちしたはずだ。そうやすやすと、自分の居所を明かすわけがなかった。旅立ちの計画づくりと未来への期待で頭がいっぱいになっていた私は、そこまで考えが至らなかったのだ。

トロリーバスの停留所に腰を下ろし、考えた。

当てにしていた母の家に転がり込むことはできない。他に、大阪で生活の場を確保できるか？　右も左もわからない土地で、知り合いが一人もいない状態で？　……それは無理だろう。

ならば、計画を諦めて和歌山に戻るか？　それだけは絶対に嫌だ。もう戻らないと決めて出てきた。ここで生きていきたい。けれど、どうしたらいいのか何も思い浮かばない……。

胸を熱くしていた高揚感は瞬く間に消え去り、暗い穴の底に突然落とされたような心地だった。6月だというのに、全身がどんどん冷えていった。

「坊や、どうしたんや？　何か困ってんのか？」

頭を抱えて俯き、座り込んでいた私に、そっと声がかけられた。

顔を上げると、隣に座っていた二十歳くらいの青年が心配そうに私を見ていた。藁にもすがる思いで事情を打ち明けると、青年――Kさんは、

「大変やったな。でも、こんなところにいつまでもいたらあかん。お父さんの連絡先はわかるか？　連絡してあげるわ」

そう言ってくれたのだ。

ふっと、体が軽くなった。差し伸べられた手を掴むため、私は荷物からノートを急いで引っ張り出し、父の連絡先を見せた。

Kさんは電話をかけてくれたが、不在だった。当時、たしか父は焼き鳥に使うヒーターの販売店を営んでいた。ちょうど、店に出ていたのかもしれない。

いま思えば、このとき父が電話に出ていたら、私は間違いなく連れ戻されていただろう。そうなっていたら、まったく違う人生を歩んでいた。運命の分かれ道は、このとき確かに存在していたのだ。

「うーん、それなら……」

すると、Kさんは中学時代からの友人、Yさんを電話で呼んでくれた。Yさんは農家から直接野菜を買い付け、市場を介さずに八百屋に卸す仕事をしていた。

「どこか、子どもを泊めてくれそうな店はないか?」

Kさんが尋ねると、Yさんは「一軒だけ心当たりがある」と答えた。老夫婦が営む八百屋があり、人手が足りないため、いつも野菜を卸した後に手伝いをしているというのだ。

「そこやったら、頼めばなんとかなるかも。連れていったるわ」

そう言って、Ｙさんは私を車に乗せてくれた。しばらく走って、着いたのは大阪市生野区。かつて花街として栄えていた今里新地の近くの商店街だった。

八百屋の老夫婦は「一晩泊めるくらいなら、ええで」と言ってくれた。私は、和歌山に戻らないため、大阪に留まるために、「住み込みで働かせてください！」と頭を下げた。

「子どもは雇われへん」

年老いた夫婦で店を営み、猫の手も借りたい窮状とは裏腹に、返事はそっけないものだった。それもそのはず、当時の私は身長１４２㎝、体重４２㎏という小柄な体格で、中学３年生として学校に通っていたが、小学生にしか見えない外見だったのだ。

だが、私の本気度を感じてくれたのか、Ｙさんが助け舟を出してくれた。

「自分からも頼むわ。雑用でええから、１週間くらい置いといたってぇな。あかんかったら、家に帰らすから」

「あんたが言うなら……まぁ、１週間だけやで」

大阪は人情の町と聞いていたが、なるほどその通りであった。見ず知らずの子どもが困っている様子を見て声をかけ、事情を聞き、友人や取引先というツテを使って助けてくれたのだ。ＫさんとＹさんには、感謝をしてもしきれない。

渋々引き受けてくれた老夫婦は、私を店にあげてくれた。

「寝るんやったら、そのへんを使え」

与えられたのは、野菜や果物を保管している倉庫の片隅だった。近鉄線のガード下で、床も壁も天井も、すべて硬く冷たいコンクリートだった。

そこが、私の人生のスタート地点だった。

十分だと思った。聖徳太子だって、馬小屋で生まれたのだ。これはピンチではなく、チャンスだ。

あの老夫婦に「お前がおらんと困る」と言われるほどの働きぶりをみせてやろう——。

胸にふつふつと湧き起こる熱い思いに、その夜は眠ることができなかった。

こうして、私の原点となる2年間が始まったのだ。

1週間で築いた橋頭堡

濃密な1週間だった。仕事そのもの以上に、主人に気に入られることに懸命になった。

和歌山に帰らずに済むかどうかは、主人の一存で決まるのだ。

　主人の年齢は７０歳くらいで、半身にマヒがあった。杖をついてようやく歩ける程度で、他人の手を借りずに日常生活を送ることはできなかった。現代なら、要介護認定が下りる状態だ。

　ゆえに、主人が背中を掻いてほしいとき、手足を揉んでほしいときにも、私の出番はやってきた。呼びつけるときは、杖の持ち手を私の肩に引っ掛けるなど、扱いは荒かったが、四の五の言える立場ではない。

　心がけたのは、主人からできるだけ目を離さず、その思惑を読み、先回りして行動することだ。たとえば、用を足したそうな素振りを見せれば、呼びつけられる前に声を掛けて介助し、トイレに連れて行った。昔はアマチュアの力士だったという主人は体が大きく、小柄な私はいつも全力で支えなければならなかったが、主君に忠誠を誓う召使いのごとく、日常生活をあらゆる面でサポートした。

　自由が効かない身体でありながら、口は達者な人だった。店の奥にでんと座り、

「おい、□×△◯せぇ」

「あっちの△◯△□を、◯◯や！　はよぅ□□×かい！」

と、命令口調で私に指図したり、どやしつけたりした。しかも、舌が半分マヒしている

ため、はっきり聞き取れない。場所や時間、仕事の流れや主人の様子から必死に指示内容を予測し、動いた。それを繰り返すうちに、主人が発する言葉が自然と理解できるようになっていった。

気が短く頻繁に癇癪を起こす主人に、叩かれようが、蹴飛ばされようが、ひたすら耐え忍んだ。奥さんはずっと、我慢に我慢を重ねていたに違いない。私が来たことでその世話から解放され、安堵した様子だった。

働き始めてから知ったことだが、奥さんだと思っていた女性は愛人であった。長らく八百屋と果物屋を営んでいた主人は、店を息子に譲った後に愛人とともに現在の場所に移り、細々と店を営んでいたのだそうだ。

そして、1週間後――。

甲斐甲斐しく世話をする私がいる日常に、老夫婦は完全に慣れてしまった。初対面の渋る様子はどこへやら、主人からは「忠《ちゅう》よ、忠よ」と親しみを込めて呼ばれるようになった。

私は、店になくてはならない存在となり、正式に採用されたのだ。

人生の原点となった2年間

八百屋と果物屋。隣に並ぶ営業時間が異なる２つの店で働き、さらに主人の身の回りの世話も行う。

朝から晩まで、文字通り身を粉にして働いた。自由な時間などなかった。

その日々は、２年間続いた。

【早朝の仕入れ】

八百屋の営業時間は、朝７時から夜７時頃まで。働き始めてから半年後には、６時からの仕入れ業務も任されるようになった。仕入先は、自転車で３０分ほどの場所にある、近隣の農家が農作物を卸す野市（現代の道の駅のような施設）だ。

　商品の競りで用いられる取引符丁（指のサイン）は現場で覚えた。さらに、当時は匁《もんめ》とｇ《グラム》がまだ共存していた時代である。私は計算が得意だったので、１００匁＝３７５ｇの単位換算を瞬時にやってみせた。最初の１カ月は疑われたが、「こいつの計算は早くて正確だ」という事実が浸透すると、他の人は誰も計算をしなくなった。私はこれ幸いとばかりに、計算結果を少しばかりごまかして安く仕入れ、老夫婦を大いに喜ばせたこともあった。

競り落とした野菜の重量は、毎回80kgくらいあった。それを自転車に積んで店まで持ち帰らなければならないが、通常、それほどの荷物を積んだ自転車はバランスを保つことができない。

だが、誰かに支えてもらえば倒れることはない。そのためいつも、出発の直前、私は自転車を野市の従業員に支えてもらっていた。

「せーの、行ってこーい！」

掛け声とともに、自転車が力一杯押される。その勢いに乗ってペダルを踏み込むと、自転車は走りだす。走っている間はかろうじてバランスが取れるため、移動できるのだ。

だが、バランスを保てるのは、走っている間のみ。道中に信号機が2カ所あるが、1秒たりとも止まることは許されない。停止した途端、自転車は重みに負けて倒れ、野菜が道路に散らばってしまう。

そのため、仕入れから戻るときは信号の位置とそれぞれの距離、信号が変わるタイミングを常に計算しながらスピードを調整し、走り続けた。店が見えてくると徐々にスピードを落としながら

「帰りましたー!!」

大声で叫ぶ。すると、奥さんが店から出てきて、近隣の店の人たちも集まって、自転車を支えてくれる。私はタイミングを合わせてブレーキをかけて停止。地面に足をつき、腕に力を込めて自転車を支える。

「ふー、よし」

一息ついてから、商品を降ろし始める。これが毎朝の日課だった。

別の仕入先から、野菜が貨物列車で届くこともあった。その際は、トマトやキュウリがぎっしり詰め込まれたカゴを2つ、前後に担いで駅から100ｍほど離れたガード下まで運ぶ作業を2～3回繰り返した。とくに駅の階段を降りるときは、一段下がるごとに足が悲鳴をあげるため、転倒しないように集中して進む必要があった。

また、仕入れたジャガイモを商店街の肉屋に納品するときは、60kgの俵を肩に担いで、50ｍ離れた店まで運んだ。子どもの肩に、大人一人が乗っているようなものだ。全身の力を振り絞らなければ、一歩も前に進めなかった（そのジャガイモは、後ほど語るが、私が毎日食べるコロッケの材料だった）。

こうして振り返ると、子どもに危険な仕事をさせていた、どころの話ではない。現代人の子どもの身体能力をはるかに超えた労働をしていたように思う。なぜできたのかは、自分でもよくわからない。ただ、当時は「できない」と言えなかったため、「やるしかなかった」が理由だろう。

【販売の仕事】

店番はじっと客を待つだけではなく、少しでも利益を多く出すために頭を巡らせていた。

たとえば、

「小芋はおいしいけど、皮を剥くときに手が痒くなるのが嫌なんよねぇ……」

客がそう言って眉をしかめているのを見て、私は「小芋の皮むきサービス」をやろうと思い立った。しかし、包丁で普通に剥けば、自分の手が痒くなってしまう。あれこれ試した後、粗い部分を包丁で切り落とし、交差させた2枚の板で小芋を挟み、桶の中で回すという方法を編み出した。

「小芋を買ってくれた方には、無料で皮むきします」

そう呼びかけると、「えっ、ほんま？」「タダで剥いてくれんの？　ほな買うわ」と、一気に関心を集めることができた。道具を使った皮むき作業には、それなりの労力を使うの

だが、

「へー！　こんなん、よう考えたな」

「助かるわー、おおきにな！」

と、客が褒めてくれたり、喜んでくれるだけで、疲れなど瞬く間に霧散し、力が湧いてきた。普段、あまり褒められることがなかったためだろう。

客が困っていることを解決して満足してもらえれば、自分の力になり、売上も増える。これが商売の喜びなのかもしれない――その発見に胸が躍り、その後も工夫を重ねた。

果物屋の開店時間は、午前１０時。八百屋よりもかなり遅いが、そのぶん閉店時間も遅かった。最終電車に乗って帰ってきたサラリーマンや、千日前あたりで水商売をする女性が立ち寄れるよう、夜の１１時から１２時頃まで店を開けていたためだ。

こちらの店番でも、工夫を凝らした。たとえば、夏はスイカが手軽に食べられるように切り売りした。切った分はすべて当日中に売りきらなければならないためリスクはあったが、顧客満足を優先し、夜遅くまで呼び込みを続けた。

そのため、店を閉めるのはいつも日付が変わる時間帯だった。

【終業後の介護】

1日の仕事は、店を閉めて終わりではない。個人宅に風呂が普及していなかった時代は、銭湯に通うのが庶民の日常だった。そのため閉店後、私は主人を銭湯に連れて行かねばならなかった。隅々まで身体を洗い、湯船に誘導するという入浴介助まで行った。現代の介護保険のような気の利いた制度はなかったのだ。

銭湯から帰宅し、ようやくひと息つけるのは深夜1時30分頃。くたくたに疲れた身体では、もちろん夢など見ない。スイッチが切れたように熟睡し、次の朝がやってくる。

休みは、商店街全体の定休日である19日と29日。1カ月に2日のみであった。

それでも合間を見つけては読書に勤しみ、東京教育学院の通信教育も受けていた。日々の労働と疲労から勉強時間を確保できず、残念ながら1年で中退してしまったのだが。

弱みにつけ込まれてこき使われている自覚はあった。それでも、ひたむきに働いた。どれほど

八百屋時代の私

理不尽な目に遭おうとも、どれほど過酷な労働が続いても、「どこの馬の骨とも知れない子どもを、住み込みで働かせてくれている」という事実へと思考が行き着けば、感謝の念が湧いてきた。その恩さえ忘れずにいれば、どのような苦労も飲み込み、一心不乱に働くことができたのだ。

そうして働き始めてから1年後。

私は売上管理を含む店の一切の業務を任され、まるで店長のような役割を担うようになった。

主人の身体が不自由であったことは、本人や奥さんにとっては不幸なことだったろう。だが、私にとっては幸運だった。主人が私に指図することしかできないからこそ、私はあらゆる業務を体得できたのだ。

短気で気難しい人ではあったが、仕事の何たるかを最初に教えてくれたのは、紛れもなくこの主人だったのである。

強靭な肉体を獲得

1日15時間以上の労働と、5時間にも満たない睡眠。

おかずは10円の小遣いで肉屋から買ってきた、3個のコロッケ(1個はサービス)のみ。幸いだったのは、米はたくさん食べることができたので、ひもじい思いはしなかったことだ。食事時間は10~15分間しかなかったが、私はコロッケ一つにつき茶碗5杯、毎食合計15杯のごはんをたいらげていた。また、売れ残った野菜をこっそり部屋に持ち帰って食べることも、時折あった。

ただし、冷蔵庫がない時代だ。夏場はとくに米の傷みが早かった。朝に炊いた米は夕方には変色し、すえた臭いを放っていた。顔を背けながら熱湯で洗い、鼻を摘んでお茶づけにして食べた。一度炊いた米が残っている間は、新たに炊くことが許されなかったのだ。

このような労働過多、睡眠不足、栄養不良な状況であっても、子どもは成長する。

小柄だった私は、2年間で身長が20cm以上伸び、体重も20kgほど増加した。大人にも引けを取らない165cm、60kgの体躯に成長したのだ。まったく不思議なことである。

八百屋での2年間は、良く言えば「たくさん食べて、たくさん働いた」日々だった。それが、ちょうど成長期と重なったためかもしれない。

二十歳になって普通運転免許証を取るときに、発覚したことがある。おそらく両親の仕業だろうが、私の戸籍が2学年上の、１９４３年3月4日生まれになっていたのだ。子どもを労働力と捉える時代だったからだろう。常に同級生たちより身体が小さかった理由も、ここにあった。長年の疑問がようやく解けた瞬間だった。

つまり、八百屋で過ごした2年間は１３歳から１５歳。まさに成長期の真っ只中だったのだ。その時期に、毎朝大量の野菜を担いだり運んだりしたことで、腕や足の筋肉がしっかりと鍛えられた。さらに、よく主人の肩や手足を揉んでいたことで、指先の力も強くなったのだ（もっとも、マヒした身体にはほとんど効果がないらしく、徒労に感じることが多かったのだが）。

堂々たる体躯を手にいれた私は、ようやく周囲から一目置かれるようになった。不思議なことに、少しだけ、精神的にも余裕が生まれたような気がした。

商売の鉄則を学ぶ

私は主人の行動や考えに常に気を配り、主人が機嫌よく過ごせるように心を砕いた。だからこそ、主人も快く「商売のコツ」をあれこれと伝授してくれた。

たとえば、緩衝材となるおがくず（木材の加工時に生じる木くず）に包まれたリンゴは箱に詰められ、半冷蔵状態で運ばれてくる。開封すると、内外の温度差でリンゴに水滴がつく。そのリンゴを取り出して店頭に並べる際、

「忠よ、ええか。水滴がついたままのもんを布で磨いても、あかんで。乾いた後に磨いてこそ、表面にツヤが出るんや」

と、教えてくれたものだ。

商品を新聞紙に包んで渡すような時代だったが、見栄えを良くして付加価値をつけて売上アップを図るという商売の鉄則は、このときに学んだ。

働き始めたときの月給は500円くらいだったが、半年で2000円となり、2年後には4000円まで増えた。これは、隣のクリーニング屋で住み込みで働く10年選手の職人と同額であった。当時の警察官の初任給が9000円、高卒公務員の初任給が5900

円、大工の日給が８００円程度といえば、イメージできるだろう。

１５歳の子どもへの給料としては十分すぎる金額だが、２年間一日たりとも休まず懸命に働き、店の売上アップに貢献した従業員として、主人が正当な評価をしてくれたのだと感謝した。

その頃には、月に2日の休みの日には隣町の布施市の映画館まで歩いて行き、３本立ての映画を鑑賞。帰りに駅の南側にある洋食店『紀の国屋』に寄って、ビフカツライスのセット（５０円）を食べるくらいの余裕はできていた。

余談だが、この店は現在も営業しており、今も月に2回くらい食べに行っている。２０１5年には経済同友会が発行する『関西経済人食べ歩き』という本に、この店の紹介記事を書いた。それを見た八尾市長が足を運んだというエピソードもあり、私にとって多くの思い出が詰まった店である。

八百屋で働いた2年間で学んだことは数え切れないほどあるが、その中でも特に大きなもの、生涯の財産だと感じたのは

「普段から人が喜ぶことをしていれば、いずれ自分にプラスの形で還ってくる」

という処世訓だったのかもしれない。

紙器会社に入社、職人の道へ

自分には大阪という都会でも、稼いで生きていく力がある。そう自覚するようになったためだろう。いつからか、私は「2年ぽっきりで八百屋を辞めて、技術職に就く」という計画を立てていた。

広い世界に飛び出して自分の力を試したい。自分にしかできない仕事がしたい。大きな成長が見込める業界で活躍して、もっと稼げるようになりたい。そういった将来への夢や希望を叶えるための計画だ。

だが、カッコつけずに正直に言えば、根底にあったのは「モテたい」だった。

前掛けをして「らっしゃい、らっしゃい!」と威勢の良い声で客を呼び込み、ジャガイモや大根などを新聞紙に包んで「まいどおおきに」と手渡す。そんな姿に、店の前を通り過ぎて行く女学生たちが、チラチラと視線を送る。

それが、恥ずかしかった。私は同年代の子どもよりは大人びた考えを持っていたが、異性の目を強く意識する思春期真っ盛りの少年でもあったのだ。

女の子に、かっこいい自分を見せたい。そのために、最初は自動車修理工になろうと考えていた。当時は自家用車を持つことがステータスになっていたからだ。だが、将来に広がりがないうえに安月給であると知った途端、気持ちが冷めてしまった。

どうしたものかと悩んでいたとき、ふと、以前Kさんが話してくれた紙器会社の仕事を思い出した。

紙器とは、ボール紙の容器やダンボール箱のことだ。

当時は活版印刷の製版技術を用いて「版」を作り、版に刃材を取り付けた「抜型」をプレス機にセットして、オフセット印刷で印刷されたボール紙を打ち抜く。これを「トムソン加工」という。序章でも述べたように、打ち抜いたものを組み立てれば、パッケージの完成だ。

そして、当時の紙器業界には「タタキ」「紙差し」「版組」という職人がいた。

プレス機で打ち抜かれた印刷紙を抜き取り、同時にこれから打ち抜く印刷紙を差し込む。これを2秒に1回行うのが「紙差し」だ。５０枚から１００枚の紙をズラすことなく移動させる技術が必要であり、一歩間違えれば手や指を失ってしまう危険もある。そのため、給与額は平均の約2倍という高収入だった。刑期を終えた出所者の社会復帰の受け皿にもなっていたようだ。

紙差しが抜き取った用紙を、パッケージ部分とそれ以外のカス部分に分けるのが「タタキ」の作業であり、職人の道はここからスタートとなる。

タタキから紙差しとなり、最後に、パッケージを設計して版を製作、および刃材の曲げ加工を行って抜型を作ることができるようになれば「版組」となる。パッケージのデザインには文字の他にイラストや曲線などがあるため、一つの版を作るためには複数の、高度な職人技が求められた。

Kさんはその版組であり、現場で指揮監督を務める職長という立場にあった。初めて大阪に来たとき、途方にくれていた自分を助けてくれたのは、紙器業界の職人だったのだ。

私は、Kさんに頼み込んだ。

「職人になりたいので、Kさんの紙器会社で働かせてください！」

そうして、私はKさんの会社の寮に入り、職人見習いとして働くことになった。

当然のことだが、八百屋の主人には引き止められた。

「忠がおらんようになったら、店が成り立たん。辞めんでくれ」

泣きつくように頼まれた時は、心が痛んだ。だが、紙器会社に転職するという決意は揺るがなかった。

「自分を拾ってくれたこと、いろいろ教えてもらってお世話になったこと、ほんまに感謝してます。でも、もう決めたんです」

「頼むわ、八百屋のほうは全部おまえにやってもええから、だから……」

「すみません、せめて入社日の7月14日の前日までは、最後の奉公やと思って、しっかり働かせてもらいます」

「忠……」

それから数週間、私はそれまで以上に働いて店の売上を増やした。並行して、私が担っていた仕事を主人と奥さんに引き継いだ。

その間に、二人も心の整理がついたようだった。最後には「達者でな」と、笑顔で送り出してくれた。

1960（昭和35）年7月13日。私の原点となる2年間の八百屋時代は、そうして終わりを告げた。

貪欲に、奔放に、腕を磨く

紙器会社に入社したものの、やはり私に与えられたのは「タタキ」の仕事だった。プレス機で打ち抜いた用紙から、不要なカス部分を金槌で叩いて取り除く。組版のような専門技術が求められる仕事と比べると、言葉は悪いが「誰にでもできる作業」だった。

こんな仕事ばかりでは、いつまでたっても職人になれない。Kさんのような優れた技術が身につかない。

居ても立ってもいられなくなった私は、一計を案じた。

昼間はタタキをこなしながらKさんの機械操作を盗み見たり、少しでも手が空けば出来上がった版をバラして構造を把握し、逐一その記録をとったりした。そして夜になると寮を抜け出し、会社に忍び込んで、自分で機械を触って操作を覚えた。まさに「門前の小僧」である。

ほどなくして、機械の操作方法は覚えた。だが、それだけでは物足りなかった。他の職人たちが「難しい」「無理だ」と言っていることも、できるようになりたかった。

「機械でプレスするときに、ズレると言ってた。それがなくなれば、製品の失敗やロスが減るに違いない。どうしたらいいのか……」

そんなことまで考えながら、練習に明け暮れた。

秘密の特訓の成果を活かす機会は、３カ月後に訪れた。Ｋさんが社長と喧嘩して、会社を去ったのだ。

急激に機械化が進む一方で、それを扱える職人が不足していた高度経済成長の走りの頃である。Ｋさんは社内で唯一、その機械を扱うことができる人物であった。そのため後釜が見つかるまでは、操作に覚えのある私が引き受けることになった。厳しい縦社会でありながら年功序列が適用されなかったのは、３人の先輩はみな、機械に触れたことがなかったからである。

「一通りの作業ができる中習になるまで3年、職人のトップである版組になるには１０年かかる」

そんな業界の常識など、どこ吹く風だ。私は見習いから、たった3カ月で版組の仕事をあてがわれた。

あっけなく先を越された先輩たちは、さぞや歯噛みするような思いだっただろう。その嫉妬は、間もなくいじめに転化した。夜もおちおち寝ていられなかったが、「いじめたいなら、そうすればいい」と意に介さなかった。会社にしてみれば、1000円だった職長の人件費を270円に抑えられたのだから、大助かりだったはずである。

その会社では、版組を1カ月間務めた。その後退社し、Kさんを追いかけるように、彼が再就職した別の紙器会社に入った。職階はランクアップし、紙差しを行う「機械方」となった。

その会社でも、3カ月ほど経った頃にKさんが退職し、私が代役を務めるチャンスが回ってきた。まるで、独立への階段が用意されているかのようだった。

30社以上を渡り歩き、あらゆる型を習得する

半人前ながら2社で版組を務めた経験から、私は自分の技術に自信を持つようになった。現場での実践と自主練習の日々から、プレス時のズレを最小限に抑えて生産性を高めるコツも身につけていた。

「これなら今後も、どこででもやっていける。人が用意した道を歩いてたら、一足飛び、二足飛びの出世はできん」

1960年代、包装資材業界は需要拡大による人手不足で、人を選んではいられない状況にあった。そのため、さも経験豊かなベテラン職人であるかのように振る舞えば、私の経歴を知らない会社は即採用してくれたのだ。辻褄を合わせるために、年齢も3歳ほど誤魔化していた。

だが、遅かれ早かれ化けの皮は剥がれてしまう。職長ランクの給料に見合わない仕事ぶりに疑惑の目を向けられるようになると会社を去り、同じやり方で別の会社に働き口を得た。

手段はどうあれ、実践で腕を磨いた日々は嘘をつかなかった。菓子、文具、衣料品……同業といえど紙器会社はそれぞれ得意分野が違ったため、多種多様な型を学ぶことができた。気づいたときには、一人前の職人と遜色ない技術が身についていたのだ。

自由など欠片もなかった八百屋時代の反動だろう。ひとつの職場に在籍していた期間は最短で1週間、長くても半年未満だった。ボーナスをもらった覚えはなく、気に食わないことがあればすぐに辞め、奔放の限りを尽くした。組織に適応するつもりなど微塵もなかった、Kさんの勤務態度を真似たのである。

「納品が明後日の朝なら、明日の昼から3時間作業して、夕方に仕上げれば間に合う」

そのような考えのもと、裁量権を持つ立場を利用して昼まで寝ていたことは一度や二度ではない。それでも、仕事で迷惑をかけたことはない。納期が迫っていれば、徹夜をしてでも仕事をやり遂げた。身勝手な言い分だが、筋は通していたのだ。

組織の風紀を乱す私は、雇用主にとってすこぶる扱いにくい人材だったことだろう。にもかかわらず、会社側から解雇されたことは一度もなかった。機械を操作できる私がいなければ、仕事がまわらなかったからだ。

「職長クラスの人間がそんな勤務態度では、他の職人に示しがつかない。頼むから、就業時間を守ってくれ」

「やるべき仕事がないのに、わざわざ出勤する必要がありますか？　形だけ繕うなんてアホらしい」

私がへそを曲げないように、会社は腫れ物に触るように接してきた。それが一層、私を増長させた。

身勝手な振る舞いと転職を繰り返し、私は3年間で30社以上の紙器会社を渡り歩いた。会社の最寄り駅をリストアップすれば、大阪環状線の駅を網羅できるほどだ。

そうしてついに、どの会社も私を雇用しなくなった。

「お前は、もう業界では有名人だよ。やりにくくてかなわん」

直にそう言われたときは、返す言葉が見当たらなかった。身から出た錆と言うほかない。

職人として働けなくなった私は、しかしすぐに別の需要を見つけた。紙器会社に出向いて３カ月から半年ほどかけて社員に機械の操作を教える「技術指導員」の仕事だ。危険度の高い機械を扱う業者にとって、リスクマネジメントの一貫だったのだろう。

業界の平均よりも何倍も早い出世。経験に裏打ちされた自信。数少ない職人が重宝される売り手市場。１８歳にして大卒新入社員の平均額をはるかに上回る高収入、等々……。多くの会社にそっぽを向かれたにもかかわらず、私が天狗になる条件は依然として揃っていた。

地方都市の、ある有名企業に出向いた時は
「機械を扱う人間の教育が、全然なってませんよ」

などと、年配の社長相手に正面きって物申したこともある。なまじ弁が立つ１８歳の若造に、社長も手を焼いたことだろう。とても他人に自慢できる話ではない。思い出すたび赤面し、穴があったら入りたい気持ちになる。

時代が生んだ抜型メーカーの魅力

天狗になりすぎたせいで技術指導員の依頼も徐々に減ってきた頃、私は「誰かの会社で働くのは、もう止めや」と決めた。

「次はどうする？　Kさんのように漂流していても仕方がない。ここはひとつ、腹をくくっていかんと……」

高度経済成長の到来。大量生産・大量消費の時代への突入。

商品を大量に作るのであれば、それを包装するパッケージも大量に必要となる。菓子箱やビール箱、豆腐のプラスチックケースなど、その種類は数え上げたらきりがないほどだ。

そして、それらの抜型はそれぞれ特注で製作される。

図面をもとに、細く削った6Hの鉛筆で合板に図面を描き、糸鋸を使って切り抜く部分と折り目をつける部分に溝を掘り、その溝に刃を埋め込む。刃の位置や角度を印刷とぴったり合わせなければならないため、高い精度が求められる。決して楽な仕事ではない。

消費者の目的は商品だ。パッケージはすぐに捨てられる。抜型を作る仕事は、捨てられるものを作る目立たない仕事だ。

だが、新しい時代が生み出した仕事でもある。今までにない、時代の最前線を走ることができるかもしれない。

「その国の技術レベルは、商品パッケージから見えてくる」

いつからか、そのような考えを持つようになっていた。

身の回りにある製品には必ず抜型が使われており、その形は千差万別だ。おそらく一般の人々は、商品の箱ひとつ完成させるために、これほど繊細な技術と複雑な工程があることを知らないだろう。

手作業で箱を組み立てるのであれば、さほど精度は必要ない。だが、大量生産には機械による自動化が必須である。製函機にかけるとき、サイズが異なるものが混ざれば、たちまち自動組み立てラインが止まってしまう。そのため、高い精度が求められたのだ。

すぐに捨ててしまうパッケージに高い技術と精度が注ぎ込まれている国は、商品の技術も高い。それを体現できる業界に身を置くことは、とても心躍ることだった。

抜型の需要はなくならない。そして、抜型メーカーはまだ数える程しかない。それなら、商売として成功しやすいはずだ。

「自分で抜型の会社を作ろう」

そうして、私は独立を決意した。

東京で修行、最短距離で技術を修得

さて、抜型製作の工程は、大きく次の4つに分かれる。

①図面（展開図）を設計する
②合板に図面を描き、その線に沿って糸鋸で切り込みを入れる（溝を作る）
③刃材を曲げ加工し、溝に差し込む
④刃に沿って跳ね出し用のスポンジを貼る

抜型メーカーを立ち上げるなら、このすべての技術が必要になる。①、③、④は、紙器会社を渡り歩くうちに習得した。誰かに教わったわけではない。現場で技術を盗み、自主練習と実践を重ねたのだ。

だが、糸鋸だけは触ったことがなかった。②は未知の分野だったのだ。

「糸鋸の扱い方を覚えるため、まずは抜型屋で働こう」

そう思ったものの、大阪の抜型屋は私が紙器会社に勤めていた頃、取引関係にあった会社ばかりである。私の奔放ぶりも、おそらく伝わっているだろう。短期間で離職する、いずれ独立することが見え透いている人間を雇い、技術を教えてくれるお人好しの会社があるとは思えない。

大阪では無理だ。それなら、どこに行くべきか。

ふと、学生時代最後の思い出、修学旅行で訪れた東京が思い浮かんだ。

「5年前か、懐かしいな。東京なら自分のことを知っている人間もおらんし、抜型屋もたくさんあるはずや」

就職して技術を身につけるとなると、数カ月は必要だろう。私は親しくしていた職人仲間たちに「糸鋸の技術を身につけるために上京する」と伝えた。雇用主には敬遠されていた私だが、職人の友人は大勢いたのだ。

「東京での職探しは大変やろ。就職先が見つかるまで、生活費はどうするつもりや」

私の懐事情を知っている友人が、心配そうに言った。

「職人不足はどこも同じはずやから、すぐに雇ってもらえるやろ」

「そうか……？　金が足りなくなったら送るから、連絡せえよ」

「おおきにな！　大丈夫や、すぐに糸鋸職人になって戻って来るで！」

そう宣言し、私は意気揚々と上京した。

まずは、浅草にある素泊まり７００円の旅館を根城に、台東区の抜型屋を片っ端から訪問した。――すぐに、友人の懸念が正しかったことを思い知らされた。

コテコテの大阪弁で「働かせてくれ」と口にすれば、にべもなく断られた。当然の反応だろう。東京の人間が、身元保証人すらいない大阪人など雇うわけがない。資金援助を申し出てくれた友人には、早々に連絡する羽目になってしまった。

働き口が見つからないまま、１週間が経過した。自分の考えの甘さに頭を抱えながらも、私はなんとか踏み止まっていた。

「糸鋸職人になって戻ると、みんなに大見得を切ったんや。たった１週間ですごすご退却するなんて、恥ずかしい真似できるか！」

何より、生活費を送ってくれる友人に報いるためにも、絶対に諦めたくはなかった。

次に頼ったのは、新聞広告の求人だった。そこで、仏壇の欄間を作る際、さまざまな形を作る糸鋸職人の仕事があることを知った。

「これだ」と直感した。仏壇屋なら、浅草にたくさんあった。

あちこちの仏壇屋を訪問してまわった末に、糸鋸職人を探している会社と出会うことができた。７０歳近いベテラン職人が近々引退するため、後継者を必要としていたのだ。工場は葛飾区の堀切菖蒲園にあり、提示された条件は「見習いは雇わないが、職人ならば雇う。身元保証人も必要ない」というものだった。

私はこの求人に応募するため、知恵を働かせた。

「中習の職人として、大阪の欄間屋で働いていました。もっと修行したいと思い、東京に出てきました」

真っ赤な嘘だった。さらに念には念を入れて、大阪の友人に身元保証人になってもらい、口裏を合わせるよう頼んでおいた。

幸いにも、担当者は私の言葉を信じて採用。葛飾区の工場に住み込みで働くこととなった。上京してから約1カ月後。ようやくスタートラインにたどり着いたのだった。

ただし、「糸鋸に触ったことがない」という事実は変わらない。現場で技を盗み見て自分のものにするつもりではあったが、その前に素人であることがバレれば、たちまち追い出されてしまう。

しかも、件《くだん》のベテラン職人は、木象嵌の日本地図を製作して国連に納入した実績を持つ「日本一の名人」として有名な人物だった。その名人の目をごまかすことは、容易ではないだろう。

「東京と大阪ではやり方が違うので、1週間ほど猶予をください」

まずは帳尻を合わせるため、そう願い出た。

日中は仕事を手伝いながら、名人や他の職人たちの技を密かに観察し、皆が寝静まった深夜にこっそり練習した。朝が来たらまた技を盗み見て、深夜の練習を重ねた。

その結果、1週間後にはほとんどの職人たちが、私を「中習の職人」と信じて疑わなくなった。それだけの技術が身についたのだ。

ただ一人、名人だけは早々に、私の力量を正確に見抜いていた。

「たいしたことない大阪の見習いが来やがって……」

眉間にしわを寄せて、吐き捨てるようにそう言ったのだ。

それでも、私には彼の懐に入り込む自信があった。偏屈で頑固な年寄りとの付き合い方は、八百屋時代に体得している。草履取りから肩もみまで、下働きはお手の物。どれほど罵られようとも、邪険に扱われようとも受け流し、機嫌をとることに専念した。

ひと月ほど経った頃には、私はすっかり名人のお気に入りとなった。

「お前には全部、何もかも教えてやろう。まずは目立てからだ。すり減った刃先を研磨する時はな……」

最初の苦々しい表情はどこへやら、自身の知識と技術を余すことなく伝授してくれるようになった。

ただし、良いことばかりではなかった。

名人から特別扱いを受けるようになった頃から、就寝中に布団をむしり取られる、足で踏みつけられるなど、やきもちを焼いた他の職人からのいじめが始まったのだ。私は身を守るため、常に木刀を傍に置いて眠るようになった。

また、職人には東北を中心とした地方出身者が多かった。彼らには、私が話す大阪弁が鼻についたのだろう。「おい、大阪」とあだ名で呼ばれるようになり、その声にはいつも、軽蔑とも嘲笑ともつかぬ不快な響きが込められていた。

そのような状況でも、味方ができたのは幸いだった。あまり他の職人と関わろうとしない、風変わりな仏壇師と親しくなったのだ。仕事に慣れてきたころ、私は別の部署にいる彼の元に寄り道を繰り返すようになり、鉋《かんな》の使い方や研ぎ方を教わった。

住み込みで修行を始めてから、３カ月後。

「抜型製作に必要な、糸鋸の技術は修得した」

その自信がついた私には、もはや、東京にいる理由はなかった。

だが、名人の後継者として採用され、期待されて育てられた身だ。自分勝手な転職を繰り返してきた私でも「大阪で独立するので、辞めます」とは、さすがに言いづらく、胸が痛んだ。

どうすれば、名人や仏壇師を傷つけずに辞めることができるのか……。

悩んでいた矢先、私は病に倒れてしまった。急性盲腸炎を発症したのだ。

医師から処方された薬は痛みを和らげてくれたが、副作用で頭がぼうっとなった。そして、薬の効果が切れた途端、耐え難い痛みがぶり返してきた。痛みと意識の混濁を繰り返し、「もうダメかもしれない」と思ったとき、大阪にいる職人仲間や、紙器会社でお世話になったKさん、八百屋の主人や奥さんの顔が脳裏に浮かんだ。

「大阪に帰ってこい」と、そう言われているような気がした。

わかった、と心の中で呟き、私は帰阪を決意をした。

「大阪の病院で、盲腸炎の手術をすることになりました」

偽りの理由であったが、名人をはじめ、疑う者はいなかった。もしかしたら、病気が治っても私が戻らないことを察していたのかもしれない。だが、引き止めたりはせず「大事にしろよ」と、送り出してくれた。

　こうして、東京での修行生活は幕を下ろしたのだった。

いざ、独立へ

大阪に戻る。その判断は正しかった。

盲腸炎から回復して間もなく、職人が辞めて困り果てていた抜型屋と出会った。

版組時代に身につけた技術と、東京で学んだ糸鋸の技術。どちらも自信はあったが、実際に自分の手で抜型製作をやったことはなかった。独立前に、それを試すチャンスが現れたのだ。

　いつもの「自分にできないはずがない」という根拠のない自信が、態度にも表れていたのだろう。抜型屋の社長は「いい職人が来てくれた、これで安心だ」という顔をしていた。

私も、ほっと胸をなでおろした。

朝から晩まで、毎日15時間ほど働いた。実際にやってみて初めて知ることや、難しい部分もあったが、やり方を必死に覚え、寝る間も惜しんで練習を繰り返し克服していった。

そして翌年の2月の終わり頃には、一人でも十分にやっていけるという自信がついていた。

「独立するので、会社を辞めます」

「お前……まだ3カ月やろ」

社長は呆れたような顔で、それでも渋々承諾してくれた。おそらく、私が独立に失敗すると思っていたのだろう。「そのときにまた雇えばいい」と考えていたのかもしれない。

なぜなら、一般的に独立する際の最大の課題が「資金」だからだ。

もし、私が版組時代からの約4年間、給料をせっせと貯めていれば、小さな工場なら買えるほどの金額になっていただろう。技術指導員の仕事をしていた18歳の頃は、平均月

3カ月勤めた大阪の抜型屋

給の３～４倍近くの報酬をもらっていたのだ。

にもかかわらず、私の懐はいつもすっからかん、否、マイナスだった。

金遣いが荒いくせに、会社を辞める際、その月の給料を受け取ったことはない。１カ月未満で辞めた時の収入はゼロだった。借金は、次の職場で前借りした給料で清算するのが常だった。その抜型屋でも「給料を前借りさせてくれないなら仕事しない」と、雇われの身でありながら啖呵を切ったほどだ。

だが､給料をすべて自分のために使っていたわけではない。半分以上は､職人仲間に使っていた。仕事後のスナックやキャバレー、寿司屋などで気前よく奢った。

独立するときも、やはり私の懐はマイナスだった。なんという計画性のなさだろう。もちろん、銀行から借りるという考えもない。

私は、親友である職人仲間の二人に頼んだ。

「独立したい。金を貸してくれへんか」

すると彼らは「俺らもないけどな」と言って、ポンと通帳ごと手渡してくれた。

「入っている金はわずかやけど、全部使ってくれ」

そこには、約１５万円が入っていた。大卒の公務員の初任給が約２万円の時代である。

それほどの大金を、無条件で渡してくれたのだ。

「こんなに……！　すまんな、ありがとう、本当にありがとう！」

私は二人の手を強く握った。「ええて」「がんばれよ」という温かな言葉に、この恩は必ず返すと誓ったのだ。

十分な開業資金を得た私は、まず、糸鋸などの道具を調達した。

次に、作業場を探した。幸いにも、友人が勤めていた紙器会社の工場の片隅、2坪ほどのスペースを月2万円で借りることができた。

1964（昭和39）年3月17日、菱屋木型製作所の誕生である。

19歳の春であった。

父の思い出、家族への想い

この章の最後に、少しだけ家族のことを語ろう。

先述した通り、父は和歌山市に愛人を作り、愛人との間に子どもが生まれてからは、柳本家にはほとんど帰ってこなかった。私が父と会った回数は数えられる程度だ。

だが、父を恨んだり、憎むような気持ちは一切なかった。むしろ、思い出すのは楽しかった記憶ばかりだ。

３歳の頃、釣りに行くために、紀ノ川を父と一緒に歩いた。

小学生のときには、世に出たばかりのホンダのドリームで学校まで来て、兄と弟、私の３人を順番に乗せてくれた。風を切って走る心地よさや、低く響くエンジン音、そして車体のかっこよさに、私たちは夢中になった。

父と過ごした時間はありふれた日常ではなく、滅多にない非日常であった。その光景と感動は、私の心に鮮明に焼きついているのだ。

母も、怒ると怖い人だったが、普段は優しかった。反発したことはあったが、嫌いではなかった。子どもを放り出して駆け落ちしたときも、やはり恨む気持ちは芽生えなかった。「母親といえど個人としての人生があるのだから、とやかく言うことはできない」などと、一丁前に考えていたくらいである。

そのため、出奔するときは家族との縁を切る覚悟であったし、実際に家族とは一切連絡をとらなかった。

「一度、和歌山に帰ってみるか……」

そんな気持ちになったのは、開業する少し前だ。

そして――6年ぶりに帰郷した私を出迎えたのは、道路の拡張工事によって取り壊されてしまった実家の跡と、父の訃報だった。

いつから、どのような病気を発症したのか、詳しいことはわからない。ただ、「亡くなる前年からアルコール依存症も患っていた」という話を聞いたときは、愕然とした。父は酒が飲めなかった。一体何が、父を酒に向かわせたのだろう。

飲んではいけない、飲まない。強固な意思で酒への誘惑を断っているつもりでも、飲むことをやめられないのがアルコール依存症だ。父は己との闘いを1年間続けたが、いよいよお迎えが来るというときに、

「さいごに冷酒をくれ」

医師にそう頼み、コップ一杯の酒を呷ってこの世に別れを告げたという。

いかにも豪傑で男ぶりの良い、父らしい最期だと思った。だが、断ち切りがたい未練を現世に残していたようにも感じた。事実、病室での父は、出奔した私のことばかり気にかけていたらしい。

「忠二がもし家におったら、俺の人生も違ってたんやろうな。今、あいつはどこかで偉くなっとるはずや」

しきりにそう口にしていたと聞いたときは、胸に迫るものがあった。自分自身が叶えたかった夢を、息子に託したかったのだろうか。

一家の大黒柱となるには、不適格な人だったのかもしれない。しかし、そんな父を悪く思えないのは、叶えたくとも叶えられなかった願いが、成仏できなかった魂のように、いつまでも私の心の中でさまよい続けているからかもしれない。

一方、新しい伴侶を得て人生を再出発させた母は、その男性と５０年間添い遂げた。私たちに遠慮をしていたのか、再婚しても子どもを作らなかったらしいが、８５歳で亡くなるまで、穏やかで幸せな日々を送っていたようである。

そして、家が取り壊されてしまったため、弟と妹は当然そこにはいなかった。近所に住んでいた小学校の先生に尋ねたところ、妹は親戚に引き取られたが、弟は暴力を振るって捕まり、少年鑑別所に収容されているとのことだった。

私はその足で、弟の面会に行った。

６年間で私の体格や顔つきが大きく変わっていたため、弟は最初、私が兄であると認識できなかった。私も、弟の顔つきが6年前とはずいぶん変わっていたため、すぐには言葉が出てこなかった。

しばらくして、私は身元引受人となって弟を引き取り、菱屋の従業員として働かせることにした。その後どうなったかは、次の章で語ろうと思う。

大阪に戻る前に、父の墓参りをした。

買ってきた花を供え、墓石に水をかけて、線香を焚く。墓前でしゃがみ、手を合わせて目を閉じると、何か言うべきことがあるような気がした。

だが、うまく言葉にならない。もやもやとした気持ちで瞼を持ち上げたとき、

「……？」

視線が、そこに引き寄せられた。

墓石に刻まれた家紋だ。菱形の中に、矢羽のような模様が向かい合って入っている。

（うちの家紋、こんな形だったのか）

四辺がしっかり組み合った堅固な形。遠くまで飛んでいく矢の羽。

じっと見ていると、なぜか、これからの人生を暗示しているような気がしてきた。

「父ちゃんは、仕事、残念やったな」

ふいに、そんな言葉が口をついて出てきた。まるで、父と向かい合って話しているように。

「台風やったから、仕方ないよな。でも、俺は頑張るよ。何にも負けない会社を作る。ああ、そういえば会社の名前、まだ決めてなかった。……菱形と、矢。……菱矢？　いや、抜型屋だから、菱屋。……うん、いいな。菱屋にしよう」

私は立ち上がり、メモ帳に「菱屋」と記した。

——いい社名やな。

すぐ近くで、懐かしい声が聞こえた気がした。やわらかく吹いた風は、幼い頃に頭を撫でてくれた、父の手の感触に似ていた。


こうして振り返ると、改めて思うことがある。

もし、ジェーン台風があの日、近畿地方に上陸しなければ、ダム建設を成功させた父の土建屋は順調に成長し、そのまま社長として生涯を終えていただろう。そうなれば、母は駆け落ちなどしなかったかもしれないし、私も大阪に出ることはなく、弟や妹と一緒に柳本家で生活していただろう。

それは平穏で、安心できる日々だったかもしれない。しかし、独立心が強く冒険に憧れていた私は、そのような人生を望んでいなかった。

あの日、自分の無意識がジェーン台風を呼び寄せたのかもしれない。時折、そんな錯覚に陥ることもある。5歳から現在に至るまで、私の人生の行く手を示す羅針盤の針は、ずっと台風の中にいるかのように絶え間なく振れ続けていた。

そして、菱屋は今日まで、その台風に一度も負けることなく在り続けたのである。

柳本家の家紋「折れ矢菱」

第２章

柳本忠二の歩み、会社の成長

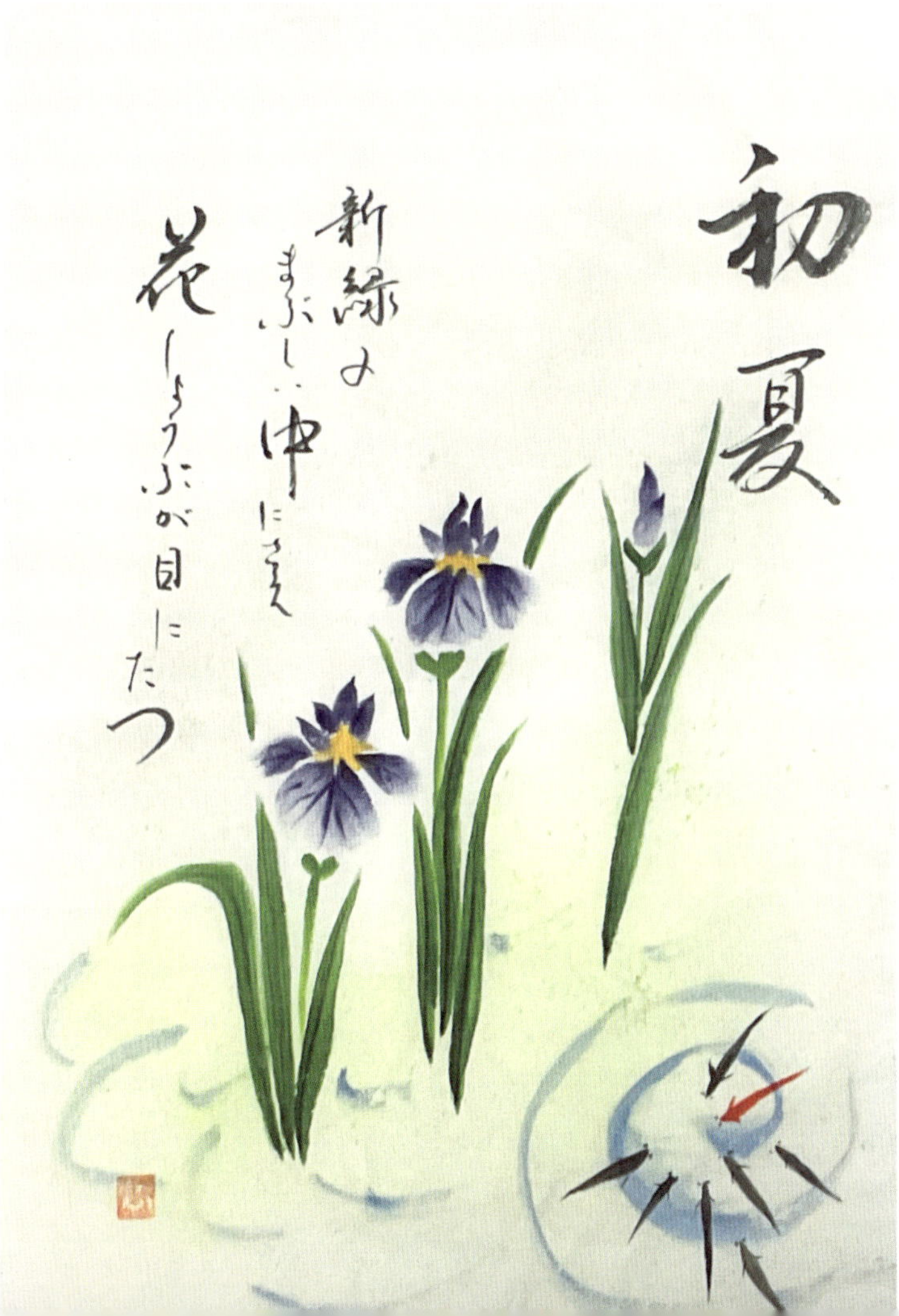
初夏
新緑の
まぶしい中にさえ
花しょうぶが目にたつ

ぼろ儲け

菱屋を創業した1964（昭和39）年は、近代日本にとって記念すべき年であった。東海道新幹線および名神高速道路が開通した年であり、10月には東京オリンピックが開催された。新しいものが次々と生み出されていく世の中は活気に満ちており、未来は明るいと誰もが信じていた。

そんな時代の空気を感じていたからだろうか。

わずか2坪の作業場にあるのは、友人から借りた金で買い揃えた手動の曲げ機や切り機、糸鋸等の必要最低限の道具。そこに、経営も営業も未経験で、ましてや経理のことなど何も知らない19歳の若者がひとり。

そのような状況でも、何も不安はなかった。

まずは、それまで勤めていた会社への挨拶まわりから始めた。運良く、すぐに抜型の注文をもらうことができた。ある大手電機機器メーカーの電子計算機に使われる部品、1㎝角のICチップをはめ込む台紙の型だ。相場がわからなかったため、売値は適当に3万8000円として、生まれて初めて伝票を書いた。幸先の良いスタートだった。

日中は製品の配達と営業、図面製作などに当てて、抜型作りは夕方に開始。合板（ベニヤ板）の表面に鉛筆で図面を起こし、その線上に糸鋸で溝をつけて、刃材を曲げて溝に植設する。椅子も机もなく、板の間に座り込んで行う作業は、毎日深夜1時から2時まで及んだ。

抜型を使うのは、商品パッケージだけではない。機械にセットすれば何でも鋭い刃で打ち抜くことができるため、大量生産する商品であれば、衣料品や文房具、什器、おもちゃから精密機器の部品に至るまで、幅広い需要があった。

その後も挨拶まわりを続けていると、驚くほど次々と仕事が舞い込んだ。東京オリンピックの開催を半年後に控え、五輪景気に沸く社会情勢も追い風になったのだろう。職人として働いたことがある会社からも、

「独立祝いや。おまえの仕事は間違いないからな」

と、難なく注文をもらえた。おかげで仕事に困ることはなかった。

抜型メーカーとしての実績はゼロだったが、業界そのものが未成熟で、全体的に製品レベルが低かったことがプラスに働いたのだろう。創業してから3日間であげた売上は5～6万円。これは当時の慶應義塾大学や早稲田大学の年間授業料と同じくらいの金額である。

1カ月後には、とうとう一人では仕事が回らなくなった。私が配達に出ると、工場に誰もいなくなってしまうのだ。そんな状況に不都合を感じていた矢先、以前同じ会社で、中学校を卒業してすぐに職人見習いとして働いていたM君が訪ねて来てくれた。

「柳本さんのところで働かせてください！」

「よし、採用！」

さらに、6月には従業員がもう一人加わった。私と同い年の職人、O君である。

M君に助手の仕事を、O君に配達などの仕事を任せると、私は一日中、抜型作りに専念できるようになった。作業時間が増えれば、受注できる仕事の数も増える。そうして売上はますます順調に伸びていき、じきに30万円を数えるまでになった。材料費や電気代などの諸経費は5万円程度。人件費としてM君に1万5000円、O君に5万円程度の給料を支払っても、手元に20万円ほどの金が残るようになったのだ。

だが、私には経営者としての自覚も、金銭管理という概念もなかった。おまけに、稼いだ金を使うことが人生における最大の楽しみ、という時代だった。顧客から受け取った金を裸のままポケットに突っ込み、仕事が終わればそのまま飲みに行った。前借りの癖が出ずに済んだのは、使いきれないほどの稼ぎを得ていたおかげである。

転機が訪れたのは、半年が経ったころ。

安定的に売上をあげる私を見ていて、食指が動いたのだろう。作業場を借りていた紙器会社の社長からオファーがあった。

「抜型の部署を作るから、うちの社員になれ」

「嫌です」

自由を謳歌する喜びを知った私は、今さら人に雇われるつもりなど全くなかった。悩む間もなく断ると、

「だったら出て行け、いますぐに」

しまった、と思ったが、自分が会社員に向いていないことはわかっていた。「仕方ない、世の中そんなものだ」と切り替えて、移転先を探した。

見つけたのは、鶴橋の東小橋にある２０坪の工場。面積が広くなり、賃料も月に２万円という格安だったが……錆びたドア、床に散乱するゴミ、ヒビの入った窓ガラス、絶え間なく入ってくる隙間風など、目を覆いたくなるような環境だった。

「こんなところ、一日も早く抜け出してやる！」

その思いが仕事の原動力になったという意味では、良かったと言えるだろう。

向こう見ずに生きる

売上や従業員数と同様に、菱屋の成長を物語るのは、得意先の変遷である。東小橋の工場に移ってから1年も経たない間に、大手印刷会社の大阪工場や、上場前の大手紙器会社など、大企業の仕事を受けるようになった。

私はいわゆる「商売繁盛の秘訣」などを知っていたわけではない。例えるなら、アルファベットすら書けない状態で海外に移住し、現地で暮らす中で英語を習得していったようなものだ。勝手がわからない世界でも躊躇なく飛び込み、実践を通して学ぶ。それが私の生き方だった。

そのため「予算」や「経営方針」の意味は、徐々に会社に訪れるようになってきた銀行の営業マンから教わった。会話中、意味がわからない単語が出てきたときは、「ちょっと待ってください。その○○につ

東小橋の工場

いて、詳しく教えてください」

と質問して、知識の引き出しを増やしていった。

思ったことは、まず行動に移した。問題が生じれば、そのときに修正すればいい。進退を決める基準をあらかじめ設けておけば、失敗はしない。綿密な計画など立てていたら、歳をとるだけで物事は前に進まない――。

それが当時の私の考え方であり、今も根本は変わっていない。

さらに、若さゆえに輪をかけて荒っぽく、向こう見ずだった。

独立した当初、製品の運送用として中古のオートバイ・スーパーカブを２万円で購入した。荷物を固定できるよう荷台を改造し、一日に何度も走って配達した。

だが、無免許だった。そもそも免許を取る気すらなかった。運転のやり方は分かっていたので「事故さえ起こさなければ問題ない」と思っていたのだ。

その荒っぽさが、ひとつ間違えれば会社の存続に関わるような、大きなリスクを招いたことがある。

工場の近くにある高校の体育教師と知り合いになって、しばらく経った頃だ。「頼みたいことがある」と、神妙な顔で話を持ちかけられた。

「やんちゃの塊のような若者たちを3人、菱屋で雇ってくれんか。中学すら出てないその子らは、このままやったら裏稼業に足を踏み入れてしまう。柳本さん、社会人として仕込んだってくれ。言うことを聞かんかったら、どついてもええから」

どんな相手にも物怖じせず、言いたいことを口にする私なら、生徒指導の教師役まで務まると思われていたようだ。

この頃、和歌山の少年鑑別所から連れてきた弟が、従業員として働いていた。彼らの境遇は弟とは異なるが、なぜか他人事とは思えず、私はその3人を雇うことにした。

一日も早く、自分の力で稼げる「一人前の職人」になってほしい。そう願いながら、私は彼らを指導した。

「言い訳はするな。できないんやったら、できないと正直に言え。わからんことがあれば教えるし、どうしてもできんかったら別の方法を教える。言い訳されて、やるべきこと、教えるべきことが遅れることが、一番腹立つからな」

しかし、私は短気で怒りっぽい性格だった。加えて、力が強く、身体も声も大きくなった。素直に「できない」と申し出るには、勇気が必要だっただろう。

また、私はせっかちであった。技術を修得するために睡眠時間を削って練習に明け暮れていた経験から、一つのことができたら、すぐに次のことを教えてしまった。できたことを繰り返し練習し、じっくりと体得するための時間を与えなかった。「自分にできたのだから、お前もできるはずだ」と思い、次から次へと課題を先へ進めてしまったのだ。

立派な職人になってほしい。その気持ちに偽りはなかったが、当時の私は自分以外の人間の心がわからなかった。

弟を含め、少年たち胸の内で、私への不満がくすぶっていることは知っていた。勤務時間中はおとなしく仕事をしていたが、終業時間になれば彼らは足早に鶴橋のパチンコ屋に向かい、玉突きに興じていたのだ。そのような状況を把握しても、私にはどうすればいいのかわからなかった。

そして、雇ってから1年と少し経った頃、彼らはついに事件を起こした。

当時、菱屋には白い犬がいた。私に近寄って付いてきた野良犬を、そのまま飼っていたのだ。ある日、出先から帰ると、彼らが寄ってたかってその犬を蹴っていた。犬の目の周りには、マジックでメガネが描かれていた。犬を私に見立てて、憂さ晴らしをしていたのである。

「お前ら全員クビや！　二度と会社に来んな！」

頭に血が上った私は、その場で4人全員に解雇を言い渡した。

彼らは何も言わず、ただ不満そうな表情で去って行った。その態度がさらに私を苛つかせた。

「あいつらの技術は、熟練者の域にはほど遠い。いなくなっても会社にとって痛手でもなんでもない。すぐに新たな人材を集めればいい。……それにしても、1年以上も育ててやったのに、謝りもせず去るなんて、どういう了見や」

腹の虫がおさまらず、じっとしていられなくなり、外に出た。

彼らを追いかけるつもりはなかったが、偶然、鶴橋駅のガード下に彼らの姿を見つけてしまった。その顔に反省の色はなく、失業という事実への不安もなく、いつものようにゲラゲラと笑っている――その光景に、一瞬で、激しい怒りが私の全身を支配した。

私は無言で近寄り、人目も気にせず、激情にまかせて弟を殴った。殴り続けた。弟は突然の出来事に理解が追いつかなかったのか、反撃しなかった。一緒にいた彼らも目が点になり、硬直していた。

さんざん殴った後、私はやはり無言でその場を去った。言いたいことは何もなかったし、その必要もないと思った。

翌日、弟を含めた4人全員が来社した。

「すみませんでした……」

神妙な面持ちで、深く頭を下げた。

「反省したか」

「はい」

「わかった。ほな、もう一度雇ってやる」

私は彼らが改心したと信じ、再雇用した。顔には出さなかったが、4人が戻ってきてくれたことが嬉しかった。

従業員を一度に解雇するなど、まさに若気の至りであった。彼らが戻らず、新しい人材が見つからなかった場合、どうなっていたことか。私一人で寝ずに仕事をしても、納期に間に合わなかったかもしれない。会社の信用を落としてしまう可能性が、十分にあった。

冷静に、細かく神経を張り巡らせて仕事をする。それが普段の自分だったが、時折、瞬間湯沸かし器のようにカッとなり、見境がなくなってしまう荒々しい自分がいることも自覚していた。

この頃の向こう見ずな性格は、まさに諸刃の剣だったのだ。

菱屋から独立していった職人たち

工場を東小橋に移してから間もなく、職人仲間であり無二の親友であったO君は故郷の岡山県に戻り、抜型屋を立ち上げた。ぼろ儲けする私の姿が、彼に独立を促してしまったのだろう。何しろ、1年目から年間200万円近い利益を出していたのだ。傍目には、投機的な事業で一山当てたように映ったかもしれない。

弟も、しばらく菱屋で働いていたが、やがて福岡で自分の会社を作って独立した。

私の会社で抜型の仕事を学び、独立した職人は10人をくだらない。「後を継がせたいから、しばらく息子を預かってくれないか」と、独立前提で雇用したケースもいくつかある。得意先からの出向も含めれば、20人を超えるはずだ。

先に語った通り、私自身に職人育成の優れた才能があるとは思わなかったが、菱屋で学びたいと希望する者には、全員、真剣に技術を教えた。

こだわりの強い職人が多い業界柄、独立する者が多いことは致し方ない。しかし、育てた職人が次から次へと巣立ってしまうのは、会社の経営的に好ましくなかった。そう感じたことも、しばらくの時を経て、工程を自動化する方向へと向かう大きな要因となった。

Ｏ君の会社は順調に成長し、やがて１０名ほどの社員を抱える山陽地方最大の抜型屋となった。彼が大阪を去った後も個人的な交流は続き、私のほうから山陽方面への出張ついでに彼の会社に顔を出したり、私が人生の節目を迎えた時は、彼が大阪まで来てくれたりした。

だが、１９７０年ごろ、２０代半ばにしてこの世を去ってしまった。彼の子どもは当時まだ1歳であり、どれほど無念だっただろうと、思い出すたびに胸が締め付けられる。

弟も自分の会社を何十年と存続させたが、１０年ほど前に病気で亡くなった。残念ながら後を継ぐ者はいなかったようで、彼が作った工場もそのまま潰れてしまった。さみしいことである。

抜型の可能性に挑む

当時引き受けていた仕事を大別すると、紙器やダンボール箱といった一般的な抜型と、産業用・工業用の特殊な抜型に二分できる。両者の割合は、８対2くらいだろう。特殊な抜型の注文にも応じたのは、「知らないことはやってみよう」という意欲や好奇心に突き動かされてのことであった。

たとえば、１９６４（昭和３９）年に開通した名神高速道路の中央分離帯には、樹木が植えられている。その樹木は製苗ポッドに入った状態で植えられたものであり、ポッドの型を日本で作ったのは、私が初めてである。土を入れる部分が網目状になっており、その隙間から植物は成長とともに根を伸ばしていくことができる。容器も土と同化する材料が使用され、たいへん便利であった。

立体造形物である深さ１０㎝弱の真空成形の型は、平面展開図から作る紙器にはない難しさがあった。なお、真空成形とはＰＰ（ポリプロピレン）や塩化ビニルといったプラスチックケースを加熱して軟化させた後、空気圧で引き伸ばして型に密着させる成形方法である。食品のプラスチックトレーなどに多く使用されている。

冷凍庫で氷を作るアイストレーに近いイメージだろうか。１ｍ四方の板に、１０㎝四方の容器の型を、縦１０個×横１０個、合計１００個を均等に、一つひとつ切り分けられるように配置する。型に深さをつけるため、私の知る限り最も深い１００㎜の刃を別注して並べていった。

とくに苦戦したのは、この刃を安定させることだった。従来の抜型作りでは、ベニヤ板から出ている刃は５㎜程度。対して、真空成形の苗ポッド用の刃は８０㎜も出る。釘は長ければ長いほど、まっすぐ板に打ち込むことが難しくなる。金槌で力をかける方向に少しでもズレが生じた途端、折れ曲がってしまうからだ。使い物にならなくなった釘を見て、がっかりした経験のある職人は少なくないだろう。

同様のことが、このとき私の目の前で起こった。斜め方向からの力に負けた特注の刃が、ごっそり倒伏してしまったのだ。約２０万円が消えてしまった勘定だった。

それでも、簡単に投げ出すつもりはなかった。

「新しい試みに失敗はつきものだ。誰もやったことがない未開拓の分野なら、なおさらだ」

もとより「前例がない」と言われれば、俄然燃えてくるタイプである。

「いろいろ見てきたけれど、こんなん初めてや」

依頼主にそう言わせたい、驚かせたいという気持ちがむくむくと湧き上がり、落ち込んでいる暇などなかった。

これを成功させれば、その道の第一人者になれる。そんなサクセスストーリーを思い描きながら、ひたすらに頑張ったのだ。

ブルーオーシャンで生きる

1960年代は、サラリーマン層が時間的、経済的余裕を手にしたことに加えて、レストランや映画館などの娯楽施設の普及により、「娯楽を楽しんで、生活を豊かにする」という考えが、若者を中心に浸透していった時代である。

「レジャー」が流行語になった1961（昭和36）年には、戦後最初のスキーブームが始まった。ある大手楽器メーカーもスキー板の販売製造を手がけるようになり、菱屋がその抜型製作を受注したのは、1967年のことである。

長さ1550㎜から2200㎜まで、50㎜刻みで14種類。女子用、男子用、子ども用、シニア用、プロ用と、仕様は5パターンもあった。

スキー板には、抑えておくべき特殊なコツがいくつもあり、刃物の消耗が激しく耐用期間が短いという難点があった。だが、同じ型で左右1組を製作でき、製作時間はわずか30分ほどで、約4万円というドル箱だった。私の個人口座には毎月150万円から200万円という大金が振り込まれていた。

高収益を確保できることは、ブルーオーシャンを泳ぐ者の強みであった。競合他社がこぞって市場に参入してくれれば、たちまち価格を下げざるをえなかっただろうが、ついぞそのような価格競争とは無縁だった。もしかしたら、同時期に挑戦していた業者はいたかもしれない。だが、おそらく刃材を調達する段階で頓挫したのだろう。スキー板の抜型製作を「手がけようとしなかった」のではなく、必要な刃材が手に入らないため「手の出しようがなかった」のだ。

では、なぜ菱屋はその刃材を手に入れることができたのか。理由は二つある。

ひとつは、菱屋がずっと特殊な抜型製作を行っていたためだ。汎用性のない特殊な刃材なくして、特殊な抜型は作れない。

もうひとつは、普段から仕入先の刃物屋と親しくしていたためだ。持っている道具のレパートリーの豊富さにおいて、菱屋の右に出る同業者はいなかったと思われる。

このため、同業他社に売上高で負けても、利益率は大きく水を開けていたのである。

苗ポッドやスキー板以外には、自動車メーカーから受注した自動車のドア、電機メーカーから受注したカセットケースなどがあった。

ビーチサンダルの抜型も、需要が旺盛だったものの一つだ。多くの履物メーカーの仕事を独占的に受注することができた。ただ、エンドユーザーがどのようなシーンで使っているのかは、知らないまま製作・納品していた。後に、アメリカ軍が休暇の際に砂浜で使用する使い捨てのサンダルだと知った時は、複雑な心境になった。要するに、ベトナム戦争向けの特需だったのである。

当時の菱屋の企業コンセプトを一言で表すならば「誰もやらない抜型、誰も見たことがない抜型を作る」であろう。自身の好奇心に従って特殊な抜型製作を行ったことが、結果的に差別化戦略として奏功したように思う。

1960年代後半から1970年代初頭の月の売上は、平均350〜400万円となった。従業員は6名まで増えたが、一人あたり1万5000円〜2万円の人件費と、材料費や賃料、電気代などの経費を差し引いても、信じられないほどの利益があった。

菱屋に仕事を依頼するために、個人商店が一升瓶を持って訪ねてくることもあり、そうした状況が私をさらに増長させた。輝く白い車体と黒のレザーのコントラストが際立つ、国産車最高ランクのスポーツカー「トヨタ・マークII」のハードトップを乗り回す姿は、まさに成り上がりの若者として周囲の目に映っただろう。社用車としても使っていたため、屋根のスキーキャリアにスキー板の抜型を10セットほど装着し、おおむね1週間に一度のペースで浜松の工場まで納品に行っていた。

余りある金と上手に付き合うだけの器量はまだ、20代の若者には備わっていなかった。集金した売上は相変わらず裸のままポケットに突っ込んで、毎晩アルバイトサロン(現代のキャバクラ)に飲みに行く生活を続けていた。湯水のように金を使っていた私は、羽振りが良い客として女の子たちにモテた。

そのように派手な生活を送っていたが、敵のいないブルーオーシャンを悠々と泳いでいたわけではない。

世の中はそれほど甘くない。

いくら製品が真新しくとも、一定以上の品質を保たなければ、とたんに顧客は離れていく。逆に、どこよりも品質の良いものを安定的に作り続けることができれば、顧客はその対価として高い金を払ってくれる。だからこそ、私は品質向上に必要な最新の知識と技術を常に学び続けた。

加えて、顧客からどれほどの無理難題を投げかけられようとも、新しい道具を買ったり、知恵を絞ったりして、時間がかかっても必ずやり遂げてみせた。アルバイトサロンで散財しながらも、利益の6割は会社の未来のために確保していた。そのうち半分を工場新設の資金として貯蓄し、残り半分を研究開発にあてていたのである。このルールを破ったことは一度もない。十人並みの経済力と自由が手に入ったのは、それ相応の資金や時間、労力を研究開発に投じていたからこそだ。

利益の多い仕事には寿命があることも、決して忘れてはいなかった。

スキー板を製造していた楽器メーカーは、取引が始まってから4～5年が経った頃に、発注が途絶えた。抜型製作を内製化したのだ。

先に述べた通り、スキー板の抜型製作には特殊な刃材が必要となる。その楽器メーカーは菱屋の仕入先の刃物屋から直接、特殊な刃材を仕入れていた。「やられた」と思ったが、この出来事をきっかけに刃物の特許を申請する習慣がついたので、良い学びになった。

約500万円の機械を導入して作った遮光板の抜型にせよ、カセットケースの抜型にせよ、辿った道は似たようなものだった。

いつまでも甘い蜜を吸えるわけではないと肝に銘じながら、ひとつの商売ネタが寿命を迎える前に、新しいネタを生み出していく。それが可能な者だけが、ブルーオーシャンに棲み続けることができるのだ。

地球上の生物が環境の変化に適応しながら進化していくように、そこにしか生きる場所がなかった私は、ありとあらゆる可能性に挑んだ。度胸と執念を武器に、生き抜くための最適解を常に探し求めていったのである。

故郷に錦を飾る

私の生まれ故郷は和歌山県だが、その故郷を捨てて、新しい人生をスタートさせた第二の故郷がある。「八百屋の兄ちゃん」として過ごした、今里新地である。

東小橋の工場で約2年半を過ごした後、私は１９６７（昭和４２）年3月、今里新地に工場を移した。

人生で最大の難儀を味わいながらも、社会人としてのいろはを教わった場所である。立身出世を果たしてその場所に戻るときは、胸の高まりを抑えられなかった。懐かしさとともに蘇ってくる数々の悲喜交々が、どれも愛おしい思い出となって胸をあたためた。

7年ぶりに帰ってきた私を、故郷の人々は歓迎してくれた。

「あんた、八百屋の兄ちゃんやな？　社長になったんやて？　すごいやん！」

「昔から働き者やったもんな、おめでとう！　うちの店にまた来てや」

口々にそう言われると、故郷に錦を飾れたようで誇らしかった。

恩返しの気持ちを込めて、仕事上の接待はすべて新地内の料理屋や置屋を使った。すると、馴染みになった店は会計を後払いにしてくれた。帳面と呼ばれる一種のクレジットである。

「いつも、おおきにな」

「こちらこそ、まいどおおきに。今後ともご贔屓に」

東大阪市の小阪に新社屋を建てる１９７３年８月まで、私は第二の故郷で周囲の厚意に支えられ、会社を成長させていった。

法人化へ舵を切る

利益をぶんどっていく税務署は、敵。

創業以来ずっとそう考えていた私は、税務署が来ると車に帳面などをすべて積み込み、調査から逃れていた。まともに帳簿をつけず、会社の金と私的な金を一緒くたにして、個人名義の普通預金口座から出し入れしていたためだ。

そのやり方に限界を感じたのは、１９７０年代に入った頃だった。スキー板の抜型の顧客であった大手楽器メーカーをはじめ、いくつもの大手企業が得意先となった。誰もが知っている会社名義で何百万円もの振り込みが行われる中、自分が遊びのために引き出した金の記録が混ざっていく。そんな通帳を見るたび「これは、まずい」と感じるようになった。３０歳を目前にして、落ち着きがでてきたのかもしれない。仕事をおろそかにしたことはないが、「経営者」として己を省みるようになってきたのだ。

「個人名義の通帳で受け取っていい金ではない。法人化して、伝票や帳簿もきちんと管理せなあかん」

会社を法人化する。そのためには、財務会計に関する諸々の知識が必要だ。

私は大阪の上本町にある、経理の専門学校の夜間課程に入学した。仕事は日中に終わらせて、夜は専門学校で学ぶ。ただし、決められた授業を受けるだけではない。「過去１０年分のテストを解き、間違えたところをもう一度解く」という独自の勉強法をひたすら繰り返した。

最も有益だったのは、下校後の「課外授業」だ。専門学校の講師が現役の税理士であったことから、私は八百屋時代の経験を生かして彼の「遊び友達 兼 特別な生徒」となった。

講義終了後に飲みに誘い、

「先生、顧問先での面白い話、聞かせてくださいよ」

そう、お願いをすると、

「ええで、ここだけの話やけどな……」

と、学校ではとても教えられないような「裏技」を、自慢げに語ってくれたのだ。この活きた知識が先々まで会社の危機を救い、成長を後押ししてくれるようになるとは、当時は思いもよらなかった。

そうして、半年後には簿記3級に合格。さらに数カ月後、工業簿記の基本的な内容を含む簿記2級にも合格したところで「一通りのことは理解できたから、もういいだろう」と思い、学校を中退。さらに独学で、経営総合診断士の資格も取得した。

1979（昭和54）年9月14日、菱屋木型製作所は「株式会社 菱屋」に改組した。

自己を研鑽し　社会存続の礎となり　社会の範となる

この社訓は、私なりの「守・破・離」の解釈をもとに作った。多くの本を読んでいたため、このような文章を作ることも好きだったのだ。

ちなみに、その６年前の１９７３年９月１４日に、私は結婚した。

今里新地の工場の近くに、八百屋時代の知り合いが講師を勤める社交ダンス教室があった。ダンスが好きだった私は、仕事終わりにその教室に通うことにした。そこで、妻と出会ったのだ。

社交ダンスは男女がペアになって踊る。とはいえ、最初のころは「たまに教室に顔を見せる女性がいるな」という薄い認識だった。しばらく経ってから彼女が頻繁に来るようになり、ペアを組んで踊るようになった。幾度も競技会に出場し、メダルも獲得した。

そのうちに私は妻に強く惹かれ、交際が始まった。３年後に「俺の妻になってほしい。いいか？」と、結婚を申し込んだ。多少強引であったことは認めるが、無事に籍を入れた。

新居は工場の３階。翌年には長女が誕生し、それから二人の息子にも恵まれた。生涯独身を貫くつもりでいたが、妻と出会えて良かったと、心から感謝している。

忘れ得ぬこと

菱屋を創業した日、私は一人ぼっちではなかった。

工具類を買いに出かけて、環状線鶴橋駅から東大阪の工場までの帰り道、ガード下でヒヨコを売っていた。

「育てて大きくなったら、卵を産んでくれるかもしれん」

何の知識もなく、そのような思いから3羽のヒヨコを購入。バスに乗り、膝の上にヒヨコを抱えて、疲れていたのか居眠りをしてしまった。

寝入ってしまったのは、ほんの数分だ。乗客の楽しげな笑い声に意識を引き戻された。瞼を開くと、一瞬で眠気が覚めた。

「――うわわっ！」

私の膝の上から脱走したヒヨコたちが、バスの中を元気に走り回っていたのである。

可愛らしい光景ではあったが、ちょこまかと動き回る小さな生き物を捕まえるのは、なかなか難儀だった。最寄りのバス停に到着する前に3羽すべて確保できたときは、「間に合った～」と、長いため息が出たほどである。

こうして、菱屋は「3羽のヒヨコ」と私とでスタートした。

しかし、ヒヨコの育て方を知らなかった私は、早々に2羽を死なせてしまった。残った1羽には、ピーコという名前をつけた。

ピーコは毎夜、合板に溝加工を施す私の足元にうずくまり、糸鋸機から出る鋸くずを頭からかぶって真っ白になりながら、仕事に付き合ってくれた。私とピーコは同じ布団で寝起きし、常に一緒だった。どこに行くにも私の後ろから、おしりをフリフリして付いて来る、近所でも有名なコンビとなった。

数カ月後、成長したピーコに意外な事実が判明する。

ピーコは、アヒルであった。真っ白で、愛らしい丸みを帯びた体。水かきがついたオレンジ色の足。鳴き声も「ぴよぴよ」から「くわっくわっ」に変わった。

町で売っているヒヨコはすべてオスで、鶏もアヒルも、小さい時はヒヨコと呼ぶらしい。つまり、私が買ったのは鶏のメスの子どもではなく、アヒルのオスの子どもだったのだ。

「お前は、卵は産めへんよなぁ。まあ、仕方ないな」

少し残念ではあったが、私たちの関係が揺らぐことはなかった。ピーコは私から片時も離れることなく、私もピーコの存在を常に感じながら日々を過ごした。苦労も喜びも、すべてを共にした。

別れは、唐突にやってきた。

ピーコは急にこの世を去ってしまった。原因不明の突然死だった。

冷たくなったピーコを抱きしめて、名前を呼びながら撫でた。だが、目を開けてはくれなかった。

もしかしたら、売り物のヒヨコは、もともと体が丈夫ではないのかもしれない。ピーコが半年も生きていてくれたのは、とてつもない幸運だったのかもしれない。

「今日まで一緒にいてくれて、ありがとうな……」

私は工場前の、ヒヨコたちを埋めた場所のすぐ隣に深い穴を掘り、ピーコを弔った。

現在は、2頭のラブラドール（メスの親子）とともに暮らしている。朝と夕方の2回、近くの公園まで散歩するのが日課だ。

自分の隣を歩く犬の姿に、今でもふと、おしりをフリフリして付いてくるピーコが重なることがある。60年以上経っても忘れられない、独立時の相棒の思い出である。

第３章

組織展開

「黒船」との遭遇

一心に剣術を磨いてきた幕末の志士が、初めて黒船を見たときの衝撃とは、このようなものだったのかもしれない。

１９７８（昭和５３）年、世界一の抜型メーカーであったアトラス社のレイ・ミラー社長が来日し、東京の日本橋にある鉄鋼会館で講演会を行った。

アメリカのミシガン州、デトロイトの自動車産業が盛りを迎えていた当時、車の座席やシートなどの抜型を大量生産していたのが、アトラス社である。デトロイトといえば「ビッグ・スリー」と呼ばれるGM、クライスラー、フォードが集う自動車産業の中心地だ。

「アトラス社の飛躍のきっかけは、１９６０年代後半にレーザーを使って合板を切るというシステムを開発したことです。それから１０年以上経った今では、デトロイトで生産する自動車の抜型を、社員２００名ほどの弊社が一手に担っています」

「レーザーで、合板を……？」

糸鋸で溝をつけて刃を植設する手法しか知らなかった私にとって、その加工方法は、まさに革命だった。四苦八苦しながらやってきた特殊な抜型作りが、大量生産が可能な技術になるかもしれない――その衝撃に、震えが止まらなかった。

ミラー社長には、生産システムを日本に販売し、その売上を研究開発にあてるという思惑があったのだろう。講演終了後に「見学希望者がいれば、１０社までお迎えします」と、通訳を介して伝えられた。

一瞬の迷いもなく、私は参加を決めた。

２日後、同業者らとともに羽田空港から渡米した私は、シカゴ郊外にあるアトラス社の工場に向かった。驚いたのは、その規模の大きさだ。

「世界には、これほど大きな抜型屋が存在するのか……！」

目で見て、肌で感じる現場は圧巻だった。

昭和 53 年 5 月 6 日　アトラス社のレイ・ミラー社長と

広大な工場内部には大型の機械がずらりと並び、それらが自動で動いて工程が進んで行く。何もかもが未知の光景で、ただ驚嘆の声を上げるしかなかった。

その仕組みを工場の担当者が語り、通訳者が説明してくれた。コンピュータによるオートメーション・システム、CAD（Computer Aided Design）システムによって実現するハイスピードと正確性、レーザー加工機の正確無比な溝加工……。

糸鋸で職人たちが技を競い合う日本の抜型屋とは、まるで次元が違う。日本一の職人が逆立ちしても、アトラス社には敵わないだろう。自己流で磨いた剣術がいくら優れていようとも、連射可能な機関銃を前にすれば刀を鞘に収めるしかないのだ。

まさに夢のような機械だが、難点が一つあった。非常に高額なのだ。

胸を衝かれながらも「レーザー加工機を買うべきか、否か」の判断に頭を悩ませながら帰国すると、

「西ドイツにも同じような機械があり、しかもアトラス社の2・5倍ものパワーがあるらしい」

という情報が入ってきた。

私はすぐに西ドイツに飛んだ。考えるより先に行動する。それが信条だからだ。購入す

るにせよ、しないにせよ、判断材料は多いほうがいい。まずはその威力を肌で確かめてみよう、と。

その機械を製造していたのは、メッサー・グリスハイム社。鋼板をも切断する炭酸ガスレーザー加工機であった。

当時、メルセデスなどの自動車メーカーでは、一般消費者向けの自家用車や、セレブ用の高級車のボディに厚さ4～8㎜ほどの鋼板を貼り付けて、防弾機能を持たせていた。イタリアや東欧など、近隣の国々で誘拐事件が頻発していたためだ。

その機械は、期待に違わぬパワーを備えていた。アトラス社が導入していたコヒレント社製のレーザーは200W。当時、日本電気も200Wクラスのレーザーを開発していた。

一方で、メッサー・グリスハイム社製のレーザーは、500Wだった。

「日本の抜型業界では、まだ誰もこの機械を持っていない。この機械があれば、抜型の可能性そのものが大きく広がるかもしれない」

期待に高鳴る胸の鼓動が、決断の決め手となった。

当時の菱屋の年商は約5000万円、レーザー加工機は9800万円と、ほぼ2倍の価格だった。もちろん、そんな金は逆立ちしても出てこない。

だが――１９７９年、菱屋はメッサー・グリスハイム社の炭酸ガスレーザー加工機を導入した。一世一代の大勝負であった。

私はつくづくタイミングに恵まれる男であった。リース購入制度が世の中に出始めていたのだ。リース会社が購入し、銀行が保証した割賦手形という特殊な手形を振出してもらって、それを２年くらいかけて買い戻していく方法である。金利は７％という高い利率であったが、私は自分自身と会社の未来を託すことにした。

ＣＡＤシステム・レーザー加工システムの習熟

レーザーを用いた溝加工までの工程は、おおまかに説明すると、①ＣＡＤで図面を設計・作成、②図面データを製図機で確認、③レーザー加工機で合板を切る、という流れになる。

思い知らされたのは、優秀な機械がひとつ入ったところで、生産性が格段に上がるわけではないということだ。レーザーが０・０１㎜という高い加工精度を誇るにもかかわらず、合板がその精度に応えられない材質だったのである。チームに加入させた１億円プレーヤーが、その能力と価値をまったく活かしきれない、いわば「宝の持ち腐れ」という状態に陥ってしまった。

加えて、レーザー加工機は１時間程度で溝加工の仕事を終えるが、ＣＡＤは１日に２、３データしか作成できないという問題もあった。

レーザー加工機を動かすための製図データは、従来の手書き図面をもとにＣＡＤで新たに作らなければならない。つまり、アナログではなくデジタル化が必須ということだ。

だが、ＣＡＤシステム自体が初期のものであったこと、私たちがＣＡＤの扱いに慣れていなかったことから、レーザー加工機の処理速度にまったく追いついていなかったのだ。

ボトルネックとなっているこの問題を解決しなければ、埒が明かない。ならば、登るべき山は決まっていた。

「ＣＡＤシステムの成り立ち自体を理解し、ＣＡＤを扱う技術を磨く」

全く勝手がわからない分野だったが、私はもとより、頂上までの最短距離を見つけることに情熱を燃やすタイプである。長い歴史を持つ伝統的な仕事であれば、すでに選び抜かれた最短距離が見つかっているだろう。だが、抜型製作にはまだ、そうした轍がない。誰も足を踏み入れたことがない未踏峰を目指す旅だからこそ、自分の技術や工夫、戦略次第でいくらでも道を見つけられる。それが面白いのだ。

ＣＡＤで設計する。

学べば学ぶほど、その重要性への理解も深まった。

「レーザーによる溝加工も、刃材の曲げ加工も、跳ね上げスポンジの加工も、すべて同じ設計図をもとに行っている。ならば、ＣＡＤで正確な設計を行い、そのデータで自動製図機やレーザー加工機、さらに刃材の自動曲げ機やスポンジ加工機なども動かすことができるようになれば……1つのＣＡＤシステムで、抜型製作の工程をすべて自動化できる！」

このアイデアが初めて湧いたのも、この頃だったと思う。

さて、時間と労力を集中的につぎ込んだ私は、1カ月後には、1日に20～30データをＣＡＤで作れるようになっていた。夕方から夜にかけてデータ作成を行い、翌朝からレーザーによる加工に移る。その工程が滞りなく流れるようになった頃、新入社員に操作方法を教えて、後を任せた。ただ、図面を描けるのは私だけだったため、図面の下書き作業は引き続き自分で行った。

こうして一つの大きな課題を克服したが、頭痛の種は消えなかった。

「社長、レーザーの機械が……」

「また故障か。まいったな、ほんまに」

結露によって、レーザー加工機がたびたび止まってしまうのだ。

原因は、使用環境にあった。ドイツは一年を通して湿度が低いが、日本は高温多湿だ。レーザーをはじめとする高圧の電気機器は、温度差や湿度差などの気候面の影響を受けやすい。つまり、日本とは相性が悪かったのだ。

自社にはレーザー機器に関する知識や技術がないため、修理はメッサー・グリスハイム社に依頼するしかなかった。修理には４～５日かかり、技師の滞在費を含めると、１回の修理で１５０万円ほどの金が飛んでいった。

「これでは会社がもたない。何か良い方法はないものか……」

悩んでいる間にも、レーザー加工機のリース期限は近づいてくる。すべての特殊手形を買い戻して自社のものにするためには、一刻も早くこの機械を使いこなし、利益を作らなければならない。清水の舞台から飛び降りるつもりで身の丈以上の設備投資を行った以上、立ち止まっている暇などなかった。

高い金利で９８００万円もの機械を購入し、壊れるたびに１５０万円ずつ支払う。このような状態が続けば、いずれ会社に、ボディーブローのようにじわじわと悪影響が出てくるだろう。

私は腹を括った。知識も技術もないなら、どちらも学んで身につければいい。

2回目の修理の際、私は技師が気持ち良く仕事ができるように機嫌を取りながら、

「ここは、どうなっているんですか？」

「なるほど、ちょっと手伝わせてください」

と、レーザー加工システムについて尋ねつつ、助手の仕事をさせてもらった。理解できないときは専門書を読んで勉強し、さらに質問をして理解を深めていった。

この作戦は成功した。しばらく経った後、修理方法を覚えることができたのである。なりふり構わず取り組んだ結果、それ以降はレーザー加工機が故障しても自社で修理ができるようになった。購入から半年後、ようやくフル稼働を達成したのだ。

ほどなくして、業界内で噂が立った。

「大阪に、寸分違わぬ高い精度で人間の十倍以上の仕事をこなす、すごい機械を持つ抜型屋があるらしい」

菱屋は一躍有名になり、日に日に注文が増加していったのである。

自動製図機を開発、素人がプロに勝つ

「レーザー加工機の仕組みはわかった。修理もできるようになった。それなら、うちでも作れるはずだ」

私はレーザー加工機の開発に乗り出すことを決意した。

しかし、その前に完成させるべきものがあった。株式会社に改組してから開発を進めていた、自動製図機だ。

自動製図機は、CADで設計したデータをもとに、自動で図面を描く機械である。大企業がすでに開発・販売していたが、約3000万円という高額機器であった。

「自社で製造できれば、大きなコスト削減になる」

そう考えた私は、まずは工作機械の見本市や木工機械展などに足を運んだ。とくに見本市は「機械作りの知恵を身につけたいなら、ここで十分」と思えるほど、アイデアの宝庫だった。そして、ひと通り見た後は必ず「やれる」という自信がみなぎってくるのであった。

中学校を中退した私に、無論、機械工学の専門知識はない。だが、世の中には専門書がたくさん存在しているのだから、意欲さえあればいつでも学ぶことはできる。「0」から

「1」を生み出すことは難しいが、「0・1」や「0・2」から「1」を作り出すことは、さほど難しいとは思わなかった。少しでも手がかりを掴むことができたなら、そこから手繰り寄せていけばゴールにたどり着くものだ。

自動製図機の開発が佳境にさしかかった1981（昭和56）年、読売テレビから取材依頼が入った。『おもしろサンデー』という番組の中で、東大阪でハイテク機器を導入している会社を中心に取り上げ、紹介するコーナーだった。

その頃には菱屋の従業員は20名を超え、大阪では指折りの抜型屋に成長していた。大多数が家内工業的な形態をとる抜型屋としては、大成功をおさめたと言えるだろう。また、レーザー加工機の導入後、菱屋はたびたび業界紙などで取り上げられていたし、できたばかりの高速道路のインターチェンジ近くに工場があるという地の利にも恵まれていた。

テレビ取材を受けるのは初めてだった。やって来たのは新人アナウンサー、辛坊治郎氏である。私は彼に、開発への姿勢や経営に関する考え方などを含めながら、自動製図機開発の経緯を語った。

取材が終わった後、辛坊氏は壁にもたれて、ぐったりした様子だった。どうしたのかと声をかけると、ため息をつきながら「自分は今まで何をしてきたんだろう、とショックを受けた」「これからは、もっといろいろなことにチャレンジしたい」と、そのような意味の言葉が返ってきた。

その後、彼は有名アナウンサーへと成長し、さらに太平洋横断にチャレンジして見事成し遂げた。その姿をテレビで見るたび、感慨深い気持ちになる。


菱屋が開発した自動製図機第一号は、最低限必要な仕事のみをこなす機械として設計したこともあり、従来よりもスピードに優れたものとなった。当時の一般的な自動製図機は分速２ｍ、大手企業が作る上位クラスは分速４ｍであったが、菱屋の自動製図機は分速８ｍを達成したのだ。

この第一号を見本市に出し、広くＰＲする。

そう決めて完成を急いだが、見本市開催の前日、深夜になっても組み立て作業は終わらなかった。あと少しというところで、わずかに時間が足りなかったのだ。

万事休す。だが、諦めたくはなかった。

当日の朝、私は会場に機械を持ち込み、作業を進めた。見本市では「未完成の機械の持ち込み禁止」というルールが設けられており、何度かスタッフに注意をされたが、

「もうちょっとでできるから、大目に見てくれ」

と、手を動かし続けた。

菱屋には機械メーカーとしての実績がない。カバーも間に合わせで作ったことが一目でわかり、商品として売り出すにはまだまだ拙い、あくまで試作機としての出展であった。

だが、この機械を実際に見てもらえる、限られたチャンスなのだ。

次から出展させないと言われてもいい。今、目の前にあるチャンスを逃すわけにはいかない。それだけの覚悟を胸に、最後の仕上げを行った。

果たして、開催時間には自動製図機第一号を完成させることができた。「100分の1の高精度　分速8mの高速度」を売り文句に、1000万円の値段をつけた。

菱屋がこのような機械を開発していること、その性能を知ってもらえれば、それだけで十分——そう考えていたのだが。

「分速8m？　それでこの値段!?　大手の3分の1やないか……」

「2倍のスピードで作業をして、しかもかなり安い。ちょっと、詳しく聞かせてくれないか」

多くの人が試作機の前で足を止めて、熟考したり、説明を求めてくれた。

そして、見本市が終了したとき——

「契約、何件とれた？」

「今日だけで、４件です！」

「え、嘘やろ⁉　……ほんまや。こんなことになるなんて、想像してなかったわ！」

「東京の有名な製図機専門メーカーの社長が、なんでガムテープとブリキだけで作ったような機械にうちが負けるんだよ、って悔しそうにこぼしてましたよ～！」

私も営業部の社員も、あまりの成果に驚き、笑いが止まらなかった。

見た目が悪くとも、実績がなくとも、性能で勝利した。素人の知恵がプロの技術を上回ったのだ。

「よっしゃ、いけるで！　うちは機械メーカーとしてもやっていける！」

自動製図機以外にも、作るべき機械はまだまだあった。そのためのアイデアも、私の頭の中にはたくさん蓄積されていた。

自分の力で新たな道を拓く。その喜びを噛み締めながら会社に戻った私は、さらに機械作りに熱中するようになった。

不思議なことに、機械の開発など微塵も考えていなかった時分から、私はなぜか機械屋や金型屋、木工屋と深い付き合いをしていた。たとえば金型屋には、生産現場を見せてもらったり、古くなった機械をもらったことがあった。それも一度や二度ではない。おかげでワイヤーカットといった機械加工に関しては、玄人はだしの知識があった。自動製図機を作るための部品をスムーズに発注できたのも、そうした人脈のおかげだった。

CADシステムの独自開発、ソフトウェア開発会社の設立

ブルーオーシャンで生き残るためには、得られた高収益を研究開発に回し、新たな市場価値を生み出し続けなければならない。それこそが会社の命綱となる。

機械というハードの開発とともに、鍵となるのはソフトだ。当時はプログラムの入力やデータ保管、データ処理には、パンチカードの使用が一般的だった。だが、私が着目したのはCADシステムだった。抜型製作の各工程を機械化し、それらの機械を一つのCADシステムで制御できる状態にする。これこそが目指すべきゴールだと確信していたからだ。

そこで、CADの操作を任せていた社員を、コンピュータ専門学校に入学させた。プログラムの基礎を学ばせ、学校から帰って来たら、彼が学んだ内容を私にも教えてもらった。そうしてある程度プログラムについて理解した段階で、CADシステムの開発に着手した。

しかし、なかなか上手くいかなかった。当たり前だが専門学校で学べる基礎知識では、最先端のＣＡＤシステムの構築はハードルが高すぎたのだ。システム自体は構築できても、とても使える代物ではなかった。

諦めずに開発を続けた。すると、あるソフトウェア会社から一本の連絡が入った。見本市で自動製図機の販売に成功してから、菱屋は複数の新聞社から取材を受けており、その新聞記事を目にしたらしい。

「一緒に、ソフトウェアの会社を作りませんか」

この状況を打開できるチャンスだと思った。ほとんど迷うことなく提案を受けて、資本金の８割を出し、ソフトウェア開発会社を設立した。

それでも、現実は一足飛びに進んだりしない。ソフトウェア開発の専門家が開発チームに加わったが、そもそも図形処理のＣＡＤ自体がまだ存在していなかった時代だ。システムは少しずつ改善していったが「以前よりはマシ」というレベルにとどまっていた。２年かけてようやく形になったものの、出来が良いとは言い難い状態で、しばらく足踏みが続いた。

「どうにかできるはずや、どこかに解決策があるはずなんや」

悪戦苦闘しながら答えを探しているうちに、バブル期後半に突入した。この頃、道路整備の大型プロジェクトがいくつも推進され、立ち退きを要求する土地所有者への補償金問題が浮上していた。

その補償金は、土地の面積や、取り壊すべき建物の有無によって変わる。それらを自動計算するプログラムが、熊本県の会社で作られたらしい——その噂を耳にしたとき、私はハッとした。

「建築物を扱うということは、図形処理をしてるのでは？」

私はすぐさまその会社を探し出し、連絡を取って訪問した。そして、当社開発のＣＡＤシステムを見せて説明した。

「どうにかこれを、抜型製作の現場で使えるものにしたいのです。御社の力を貸していただけないでしょうか」

熱意が伝わったのか、システム自体が技術者の興味を引いたのかは不明だ。だが、この日、何年も探し続けていた道がようやく拓かれた。

「わかりました。ぜひやらせてください」

そうして、レザック独自のＣＡＤシステムは完成した。これが、現在も使っているＣＡ

Ｄの原型である。

このシステムを１００％自社で管理するため、熊本県の会社に開発してもらった技術はすべて買い取った。加えて、その技術を開発した技術者が菱屋に転職してくれたため、その後のシステムの改良やアップデートなども一気に加速した。

ＣＡＤシステムはその後、新たな機械の開発・製造に合わせてシステムを更新していった。最初はレーザー加工機を動かすためだったが、自動製図機を開発したことで方向制御が加わった。さらに、刃物の自動曲げ加工、スポンジ加工、自動ブランキングなど、それぞれの機能に応じて、基本となる図面から必要な情報を自動的に抽出、実行するというコンバート機能を開発し、搭載した。

機械メーカーとして成功し、レザック誕生のきっかけとなった「独自システム」は、このようにして生み出されたのである。

内製化を進める

抜型屋が機械を製作する。その限界は、自動製図機の開発時から感じていた。

抜型製作を主業務とする菱屋では、機械部品の調達は外注に頼らざるを得ない。だが、納品された部品はそれぞれ0・02㎜や0・03㎜程度の誤差が出る。それらを組み合わせると……たとえばプラス0・02㎜の誤差がある3つの部品から組み上げたものの誤差は、最大でプラス0・06㎜になり、品質に大きな影響を与える。そもそも組み立て自体が不可能になるケースもある。

ところが、外注先に「ここの0・01㎜の誤差を直してほしい」と注文すれば、加工賃が10倍に跳ね上がってしまう。

より高い品質を追求するなら、行き着く答えは「内製化」だった。自社ですべての部品を作るのであれば、ある部品にプラス0・02㎜の誤差が生じても、その部品と組み合わせる別の部品の設計にマイナス0・02㎜の修正を加えることで、誤差を0にできる。

菱屋の自動製図機を最初に購入してくれた会社に、私は言った。

「私が生きている間は、ずっとこの機械の面倒を見ます」

営業トークではなく、心からの言葉であった。私はその覚悟で機械の開発・販売に臨み、クライアントもその覚悟を受け止めてくれたからこそ、数千万円も投じてくれたのだろう。その信用を失わないためにも、私は部品を自社で製造する体制作りを推し進めることにしたのだ。

折しも、取引先であった大阪ＬＣＣ《レーザーカッティングセンター》が倒産するという話を聞いた。システム会社の子会社であった大阪ＬＣＣは、非常に高い技術を要していたにもかかわらず、顧客確保のためにレーザー加工業界に参入した結果、継続して赤字を計上していたのである。そして、その会社が持っていた機器は、菱屋とまったく同じものであった。

「大阪ＬＣＣを吸収合併すれば、レーザー加工機をもう一台増やせる。それは将来的に利益をもたらすはずだ」

１９８２（昭和５７）年、私は大阪ＬＣＣと、さらに同業の九州ＬＣＣを、ともに引き受けて吸収合併した。

もちろん、大阪ＬＣＣの従業員といえども、即戦力にはならなかった。扱う機械は同じでも、抜型製作に必要な加工技術は丁寧さや細やかさが求められる、極めて専門性の高い技術である。例えるなら、レーシングドライバーのチームに、タクシー運転手が加入したようなものだ。

だが幸いなことに、彼らは「運転技術」には十分慣れていた。ならば、あとは速く正確に運転できる技術を体得させるだけだった。

これがレザック設立へと繋がる、大きな一歩となった。

「株式会社レザック」の誕生

自動製図機とＣＡＤシステム、そしてレーザー加工機の開発にも成功し、菱屋は年間10億円近い売上をあげるようになった。その内訳は、抜型の技術加工が3億円、機械が7億円だ。

菱屋は、抜型製造を主業務とする会社だ。本来の業態から大きく離れてしまうため、このまま菱屋だけで機械の開発を続けるわけにはいかなくなった。

また、ターゲットとなる印刷紙器業界のヒエラルキーもネックだった。「自社よりもはるかに地位が低い抜型屋から機械を買うのは、印刷会社としてプライドが許さない」とばかりに、大手企業からはまったく相手にされなかった。機械メーカーとして体裁を整えたうえで土俵に上がる必要があったのだ。

かくして、大阪ＬＣＣを吸収合併した１９８２（昭和５７）年、私は菱屋から機械製造部門を分離独立させ、「株式会社レザック」を設立した。社名は、システムメーカーのイメージで売るために「レーザー」と「ＣＡＤ」を組み合わせて命名したものだ。

抜型製作の各工程を機械化し、それらの機械を一つのＣＡＤシステムで制御する。その目標に向かって、レザックでは次々と新たな機械の開発に着手していった。

最初に、非常に難易度の高い「６軸制御のロボット」の開発を行った。開発には成功したがコストが膨らみ、価格が４０００万円という高額になってしまったため販売を断念、菱屋への導入のみで止まった。

その後、ロボットの能力を分割する形で数種類の機械を開発した。それぞれの機械について、簡単に説明しよう。

【抜型用刃物自動加工機（曲げ、切断）】１９８９年開発開始

刃物の加工は、抜型製作において最も高い技術力が求められる工程であった。鋼の刃はひじょうに曲げにくいからだ。これを、入社したばかりの従業員でも操作を覚えれば加工

できるよう、機械化を目指した。

この機械の特徴は、筒を二つ重ねた形状だ。それぞれの筒には刃を通す切り込みがあり、モーターが回転すると、刃は動こうとするが筒に当たり、その反動で戻る。次の回転で再び動こうとして、また戻る。この「ぶつかる→反動で戻る」の衝撃を1分間につき1万回与え続けることで、鋼を曲げていくのだ。

刃材の曲げ加工の精度は0・01㎜レベルでなければ、レーザー加工した溝に入らない。仮に入ったとしても、他の刃材との接続部分にズレが生じればうまく切れないし、素材が布だった場合は糸をひっかけてしまう。

加工した刃材の切断も、繊細な技術である。金属は曲げると、厚みが変わる。それも計算に入れて切断の力をCADが決定している。

【自動ブランキングシステム】1999年開発開始
ブランキングとは、抜型で打ち抜いた後、カス（不要な部分）と製品部分を分離する作業だ。私が初めて入社した紙器会社で、見習いに与えられた「タタキ」の仕事である。当時はカスをハンマーで叩き落としたり、手で丁寧にバラしたりしたが、機械では上下に数千本のピンを配置し、下部のピンで製品を支えた状態で、上部のピンでカスを押さえて分離させる。


【抜型用スポンジゴムの切断システム】２００３年開発開始
スポンジゴムの切断システムには、ウォータージェットを使用した。

柔らかい素材は刃で抑えた時に素材が逃げてしまうため、通常のカッターでは上手く切断できない。また、レーザーは周囲が焦げてしまう。

そのため、水圧を活用することにした。水圧といえば、家屋の汚れを落とす高水圧洗浄機をイメージする人が多いだろう。一般的な高水圧洗浄機は、１㎠あたり４０〜６０㎏程度の高水圧を使用する。

レザックが開発したウォータージェットでは、１㎠の面積に対して、約３ｔの圧力をかけた水を使う。この圧力水を０・３㎜程度の穴に通過させるのだ。水であっても人間の指くらいは簡単に切断してしまう鋭利さがある。そのため、切断面はきれいな垂直になり、かつ素材を変質させることもない。

【ハーフカット（シール・ラベル素材）用レーザー加工機】２００５年開発開始
シールやラベルに使われる素材は、二層になっている。その上部だけを切断する方法を「ハーフカット」と呼び、レザックでは炭酸ガスレーザーを用いて高速加工を実現する機械を開発した。序章で、天皇陛下と皇后陛下へのお礼の言葉をアクリル板に刻んだのは、この機械である。

レザックを立ち上げたばかりの頃、忘れられない思い出が一つある。

事務所設立のために東京に出張して、帰ってきた日のことだ。菱屋に戻ると、誰もいなかった。

「なんや？　まだ仕事があるはずやのに、みんなどこに行ったんや？」

すると、従業員の一人が姿を見せて「社長、ちょっと食事に行きましょう」と私を手招きした。「食事？ 仕事を放り出して、何しとんねん」と、出張疲れもあって内心怒りながらついていくと――そこは、近所のレストランだった。

わけもわからず扉に手をかけ、開く。

次の瞬間、大きな拍手がわき起こった。

「社長、お誕生日おめでとうございます!!」

色とりどりの飾り付けと、祝いの言葉が書かれた横断幕。テーブルの上にはあふれるほどのご馳走が用意されており、その向こうに菱屋の全社員がいた。

仕事のことしか頭になかった。今日が自分の誕生日であったことも、この瞬間まで完全に忘れていた。まして、社員たちが覚えてくれていたとは夢にも思わなかった。

「出張おつかれさまでした！　さあさあ、まずは乾杯しましょう。何を飲みますか？」

「お前ら、仕事は……」

「もちろん、全部終わらせましたよ！」

「びっくりしましたか？　こっそり準備した甲斐がありました」

してやったり、といった顔で寄ってきて、口々に「おめでとうございます」「誕生日なのに、おつかれさまでした」と、祝いと労いの言葉がかけられる。

疲れなど、一瞬で吹き飛んだ。嬉しくて目頭が熱くなり、視界が揺らいだ。

「おおきにな。こんなに幸せな社長、他にはおれへんで。今日は大いに飲んでくれ。俺がおごったる！」

この素晴らしい社員たちが安心して働けるように、幸福な日々を送れるように、これからも全力で会社を発展させていこう。

誕生日ケーキを頬張りながら、そっと胸の内で誓ったのだった。

攻撃は最大の防御なり

自動車、ジェット機、電車。それぞれの運転手になるには、異なる免許証が必要となる。躯体の大きさや移動する環境、運転操作などが全く違うためだ。

近い将来、これらの自動運転が実用化されるだろう。ただし、そこに搭載されるプログラムは、それぞれ専用のものになるはずだ。

レザックが目指したのは、いわば「自動車とジェット機と電車を、一つの自動運転プログラムで安全に動かす」ようなものだった。しかも、自動車などの「ハード」に新しい機能が付加されたり、既存の機能がより高性能なものへと成長しても、それにあわせて自動運転プログラムの「ソフト」もアップデートするため、使い慣れたソフトで最新のハードを、しかも複数台操ることができる。こう言えば、イメージしやすいだろうか。

レザックのＣＡＤデータであれば、図面、レーザー、刃物加工、ウォータージェットの各システムに必要な角度や長さを自動的に計算し、各素材の特性も加味して、ボタン一つで実行する。ブランキングシステムや、スポンジゴムの切断システムも同様に、図面から必要な数値をＣＡＤが自動的に算出する。

新しい機械を作るたびに新しいＣＡＤシステムを開発するのではなく、１つのＣＡＤシステムですべての機械を動かす。それを可能としたのが「自動コンバートプログラム」である。システムの全データを一度分解し、対象の機械に合わせて再構築する。そうすることで、基本となる図面から各機械が必要とする情報を、自動的に抽出、実行できるようにしたのだ。

これは「新しい機械を次々と開発していく」という前提で、かつ「後から変更を加えることが可能なシステム」として、自社で一から開発したからこそ、可能なことだ。私たちはレザックのＣＡＤを１００％把握しており、新しい機械を開発した際は、どのプログラムにどのような変更を加えればいいのかが手に取るようにわかるのだ。

加えて、レザックが作る部品の精度は1万分の１㎜。それらを組み上げた機械の動作は、やはり精度が高い。

機械化により、菱屋を含む業界の抜型製作の工程は、次のように変化した。

①図面データ作成（CADシステム）

顧客の注文に応じて、CADシステムで図面データを作成。これまで蓄積してきたノウハウとデータから、さまざまなデザイン、オーダーに対応可能である。作成した図面データは即時に各工程へ伝送し、情報の一元管理による作業の効率化、納期短縮を図る。

②抜型ベース・レーザー加工（高出力レーザー加工機）

伝送された図面データをレーザー加工機で受け取り、ただちに抜型の土台製作に入る。ベニヤ板やアクリルなど材料に合わせて最適な溝幅を自動計算し、高出力レーザービームによる溝加工を行う。

次に、抜き型用スポンジゴムを製作する。同じく伝送された図面データをもとに、ウォータージェットの高水圧で、ゴムやスポンジの切断、加工を行う。加工精度が高いため、あらゆる形状の抜きゴムが作成できる。

③刃材加工（抜型用刃物自動加工機）

図面データに基づいて、刃物自動加工機で刃材の加工を行う。ニック（つなぎ）加工・

ブリッジ加工・曲げ・切断を１台で、高速かつ高精度で実現する。

④抜き型製作（刃入れ・組み立て）

加工された各材料を制作室に集め、人の手で組み立てを行う。まずは、刃を抜型ベースの溝に当てて木槌で打ち、正確に刃を入れていく。刃入れが終わったら、抜きゴムを取り付けていく。

「刃材を溝に差し込む」「抜きゴムを付ける」工程だけは、機械化できていない。否、機械やシステムを作ることはできるが、需要がないのだ。

なぜなら、この工程は誰でも簡単にできて、短時間で完了する。そのような作業を、わざわざ高額な機械を購入して自動化しようとは思わないからだ。

自動製図機もレーザー加工機も、はじめは菱屋のために開発した。それが、社外に広く販売網を展開したことにより、業界全体の底上げを促したと思う。結果として、巡り巡って自らに発破をかける戦略となった。

「自分の足を食べるタコと同じやぞ。レザックは儲かったとしても、菱屋がそのうちえらい目に遭うで」

同業他社が菱屋と同じ武器を持つ。その状況を生み出すことについて、何度もそのように忠告された。

理解はできるが、納得したことはない。私が売らなかったとしても、いつか必ず誰かが同じことをするのだ。

実際、東京の抜型メーカーが機械製作に手を広げて参入してきたこともある。だが、その抜型メーカーは菱屋の二番煎じにすぎなかった。まるで脅威とは感じなかったし、気が付いた時には姿を消していた。

顧客を確保するために、既存顧客を囲い込む「守

海外企業にも納品。中国の会社からやってきた研修生たち

り」に注力するのか、新たな価値を創造し続ける「攻め」に転じるのかは、経営者の判断によるだろう。

私は常に後者を選び続けた。その結果として、現在も会社は維持されている。攻撃こそ、最大の防御なのである。

天皇陛下・皇后陛下のご視察を受ける

2005（平成17）年6月、近畿経済産業局から連絡があった。

22日に6名で訪問したい、と。

当時、私は大阪の中小企業対策に関するさまざまな仕事を受けていた。おそらくそのうちのどれかに関係した話だろうと思い、スケジュール帳に記入した後は、いつも通り仕事をしていた。

ところが当日、やってきたのは経済産業局の人間だけではなかった。大阪府の職員に加えて、明らかに他とは異なる、厳かな雰囲気をまとった人物がいた。受け取った名刺には「宮内庁」の文字。

（宮内庁が、一体何の用事で？）

内心首を傾げていると、その人物が静かに口火を切った。

「天皇陛下と皇后陛下の、京都・兵庫・大阪の三府県行幸啓が決定しました。その際、菱屋の視察をご希望されていますが、お受けになりますか？」

「え？　……え？　ええっ⁉」

何の申し出なのか、まったく理解できなかった。

その反応を想定していたのだろう。目を丸くした私に、詳しい説明をしてくれた。両陛下が8月に京都府・兵庫県・大阪府を訪れる予定となっており、22日に大阪府知事と面会した後、当社の視察を希望されているとのことだった。

「どうですか？　お受けになりますか？」

「え……ええ～？」

両陛下の関西訪問のスケジュールについては理解した。だが、それでもわからない。

レザックは、確かに特許の数は70以上あり、抜型業界では比較的規模が大きく、機種にもよるが全国シェア7割を占めていた。

それでも、たかだか従業員数50名程度の中小企業だ。それなのに何故？　どうして？

だが、理由はわからずとも、両陛下がご希望されているというのなら、断れるわけがない。

「……謹んで、お受けいたします」

ただ、菱屋では抜型を作っているだけなので、正直、地味な風景しかお見せできない。新聞やテレビに出ていたのはレザックのほうだし、大型の機械もあるから見応えがあるだろう。うちが開発した技術や特許についてもご説明できるし、菱屋の抜型についても、あわせてお伝えできる気がした。

提案してみると「柳本さんが作った会社であれば、どこでもいいです」と言ってもらえたので、レザックの本社に来ていただくことになった。

それからの２カ月間、私の日常は大きく変わった。

「明日から、自分で車の運転はしないでください。運転手を雇ってください」

とても柄ではなかったが、私は近畿経済産業局から紹介された公用車専門の運転手派遣事業者に連絡し、２カ月間だけ「自分専属の運転手を持つ社長」となった。

さすがというべきか、とても丁寧で安全な運転であった。普段、信号が黄色になればアクセルを踏むような運転をしていた私は、どうしても苛々してしまう。数日でガマンできなくなり、別の運転手に替えてもらったが、結果は同じであった。受け入れるしかなかった。

また、保安上あたりまえのことだが、両陛下のご訪問自体、絶対に秘密にしなければいけなかった。準備のために社内では担当者とのみ情報共有するが

「絶対に誰にも喋るな。家族にも言うな。情報が漏れたら中止になるかもしれん」

と、固く口止めをした。

しかし、このような一大事を胸に秘め続けるには、存外に精神力が必要だった。自分は一言も漏らさなくとも、周囲は徐々に変化していく。たとえば行幸啓を受け入れた翌日、会社の周囲をじっと見張る人物が現れた。

「朝、工場の鍵を開けるとき、ヤクザみたいな人がじぃっとこちらを見てたんですよ」

不安そうな顔の工場長から相談されたが、もちろんヤクザではない。警察から派遣された、工場を密かに警護してくれる人物だった。両陛下がお越しになる場所は、2カ月も前から厳重な警備が敷かれるのだ。

また、近所の第二寝屋川はいつも草が生い茂っている状態だったが、いつの間にかきれいに刈り取られていた。近畿自動車道を下りてから工場に続く道はすべて舗装し直され、すべてのマンホールの蓋が溶接された。

そのような変化から、工場の周囲の人々も「近いうちに、何か特別なことが起こる」と

感じたのだろう。

「天皇陛下がこの近くにいらっしゃるらしいで」

ついにはそのような噂が広まり肝を冷やしたが「へぇー、そりゃすごいな」と、全力でとぼけるしかなかった。


外では知らん顔をしつつ、社内では着々と準備を進めた。

宮内庁との打ち合わせでは、まず、両陛下が歩かれるルートの確認が行われた。レザックは本社と、道路を隔てた向かい側に部品工場がある。両陛下が一度建物に入った後、別の建物に移動することは保安上の問題があったため、本社の建物だけで視察が完結するように部品工場の機械を本社に持ち込むこととなった。

天皇陛下が東京の会社をご視察されたときのビデオテープを借りて、当日のイメージを確認することはできたが、それは天皇陛下のみの場合だ。今回は天皇陛下と皇后陛下の両陛下がいらっしゃるため、少し話が違う。両陛下に見ていただく機械の選定、説明内容など、宮内庁や近畿経済産業局と相談し、頭をひねりながら決めていった。

困ったのは、レザックの「製品」がないことだ。完成した機械はただちに納品されるため、製品の在庫は常にゼロだった。

製造工程をご覧いただいた後に、完成品を一つもご紹介できなければ、期待を裏切ることになってしまう。どうするべきか……。

数日間考え、急にひらめいた。小型レーザー加工機だ。

「両陛下の目の前で、レーザーで、お礼の言葉を描きたい。その様子をご覧いただきたい」

かなり無理のあるスケジュールだったが、その一心で間に合わせた。


2階に休憩室とデモルームを用意することになったが、エレベーターは資材運搬用しかない。階段をお使いいただくことになるが、そのとき、両陛下の足元が手すり側から見えてしまう。それは良くないため、階段の手すり部分をテントの幕で隠して、足元が見えない状態にした。

また、私は両陛下がいらっしゃるなら工場の内外の塗装をし直し、懇談用の椅子やテーブルも新調するつもりでいた。しかし、それはダメだと言われた。

「陛下はそのようなことは望まれません。工場内は、普段と同じ掃除をするだけで十分です。椅子やテーブルも、普段使っているもので問題ありません」

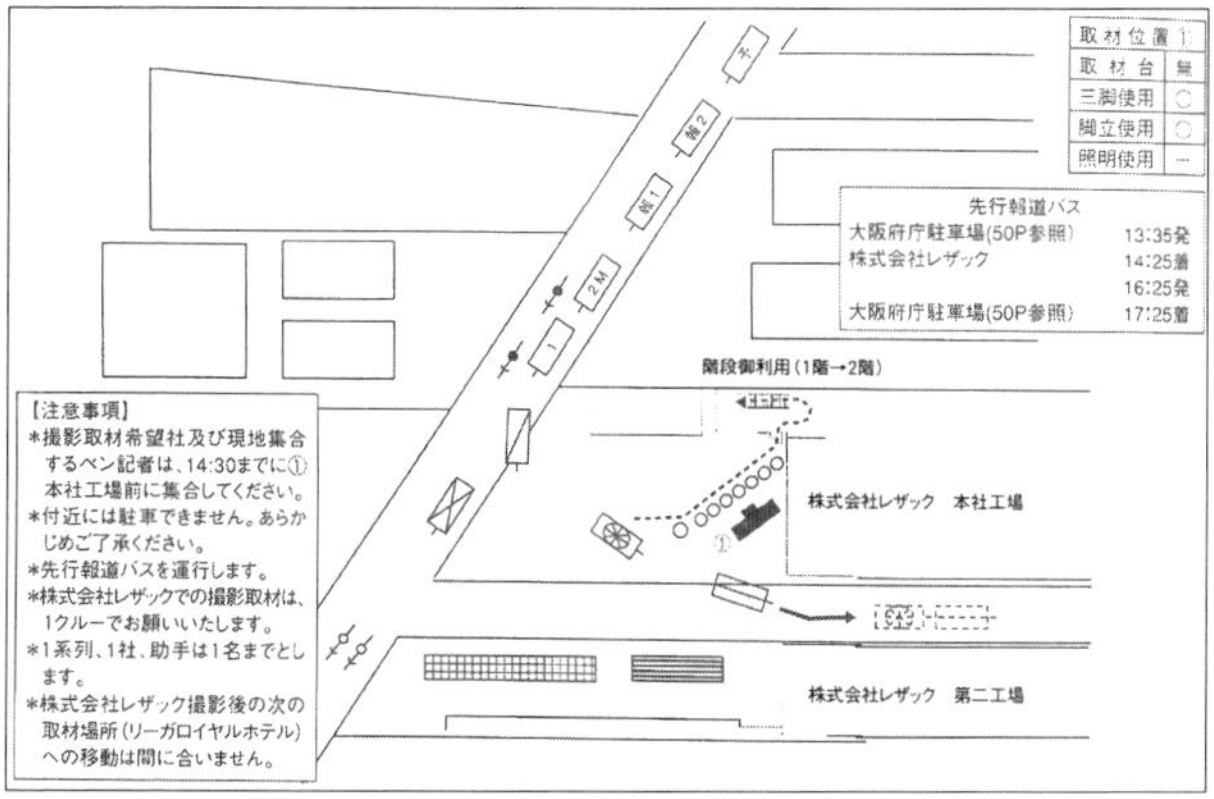

本社工場玄関　御着・取材位置

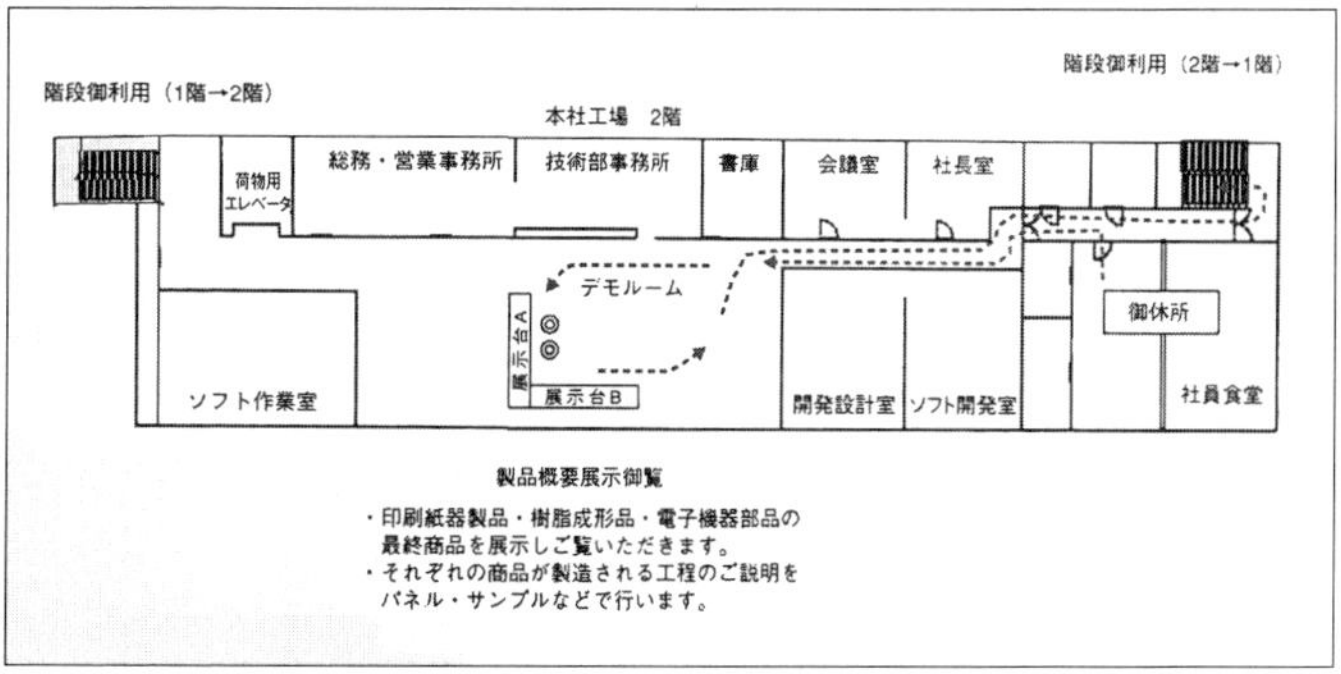

２階製品概要展示　御覧・取材位置

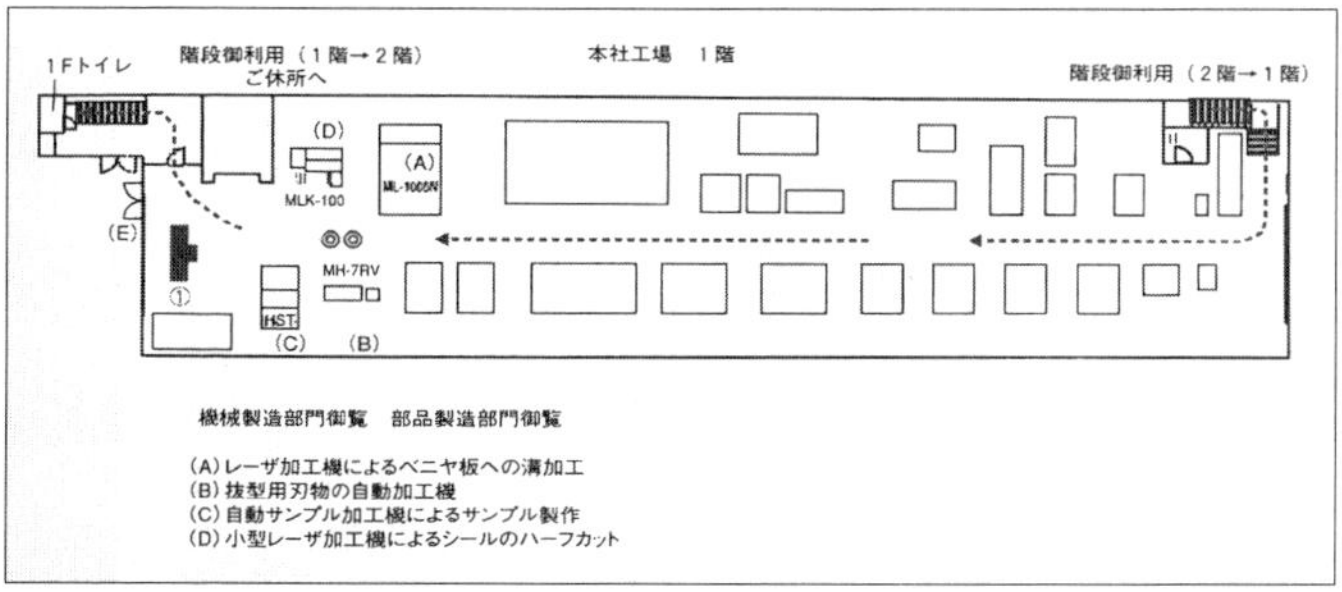

１階製品概要展示　御覧・取材位置

そう言われても、普段使っているのは安物の4人用テーブルセットだ。大勢が座ってやや擦り切れた椅子や、使い古したテーブルを、両陛下にお使いいただくわけにはいかない。

そこで、八尾の家具メーカーに椅子とテーブルを持って行き、「これと同じものを作ってくれ」と頼んだ。宮内庁の職員には「同じテーブルセットが、予備でもう一つありました」と伝えた。

懇談のときにお出しするお茶も吟味し、どれくらいの温度で入れて運べば丁度良くなるのか試行錯誤を重ねた。お使いいただく湯のみも、両陛下が普段使われているものを確認し、同じ香蘭社製のものを百貨店で購入してきた。

大きなものから小さなものまで、当日までにやるべき準備は数え切れないほどあった。通常業務をこなしながら、従業員たちもよく協力し、頑張ってくれたと思う。

そうして迎えた当日の様子は、序章で語った通りだ。

すべてが終わった後、近畿経済産業局の局長から言われた。

「柳本さん、これからが大変ですよ」

私は「何がですか?」と尋ねた。

「両陛下とお会いした人間として、態度や身の振る舞いに気をつけないといけないし、間違ったこともしてはいけない。あと、いろんなところから取材が入るから、それも全部受けなければいけない。忙しくなりますよ」

その言葉は本当だった。新聞や雑誌、テレビから立て続けに取材が入り、講演会や工場見学の依頼もぐっと増えた。その影響は、なんと１０年近く続いた。

一方で、従業員への影響も大きかった。親きょうだい、祖父母に至るまで
「うちの家族が天皇陛下・皇后陛下と直接お会いした」

「陛下に顔を見ていただき、お言葉までもらった。名誉なことだ」

と喜んでくれたし、当時の社員はあの日のことを、かけがえのない宝として、今も鮮明に覚えている。


いつか、この日のことを覚えている人間は誰一人としていなくなり、ただの記録となって、情報の海に埋もれてしまうのだろう。それは仕方のないことだが、この日、両陛下がここにいらっしゃったことを、後世に伝えられるものを残したい。

そのような気持ちから、翌年の２００６年８月２２日、私は会社の敷地内に記念碑を作っ

た。そして、「君が代」発祥の地である岐阜県揖斐郡春日村に足を運び、さざれ石を採取させてもらって、この石碑の前に設置した。また、見知らぬ他人に売られてしまうことのないよう、その土地のみ八尾市に寄付した。

記念碑は今日も、両陛下が車を降りられた本社の入り口に、静かに佇んでいる。

平成十七年八月二十二日
天皇・皇后両陛下
　株式会社レザックをご視察
　ここに之を記念し後世に伝える
　平成十八年八月二十二日
　　　　　　　　株式会社レザック
　　　　　　　　　　　柳本忠二

平成１７年８月２３日　日経新聞

両陛下が大阪の企業視察

天皇、皇后両陛下は二十二日、大阪府八尾市の地場メーカー、レザック（柳本忠二社長）を視察された。同社は、菓子や飲料などを梱包する箱や、精密機器など幅広い分野の製品の製造過程に必要な「抜型」をいちはやく機械化した。陛下は「これからもモノづくりの発展のために頑張ってください」と激励された。

平成１７年８月２３日　朝日新聞

＊＊＊＊
両陛下、大阪入り

天皇、皇后両陛下は22日、兵庫県から大阪府へ移り、八尾市の精密加工機器メーカー「株式会社レザック」を視察した。同社は、商品パッケージの紙箱や段ボールを作る際のレーザー加工機システムなど60件以上の特許を取得しており、「大阪の活力ある中小ものづくり企業の一つ」として視察先に選ばれた。

平成１７年８月２３日
毎日新聞

■両陛下が精密機器メーカー視察

京阪神地方をご訪問中の天皇、皇后両陛下は22日午後、大阪府八尾市の精密機器メーカー「レザック」を訪れた。同社は紙パックなどの抜き型を製作する機器を製造、販売している。天皇陛下は従業員に「これからも、もの作りに頑張って下さい」と話しかけていた。

平成１７年８月２３日　読売新聞　河内版

(31)　地域　2005年(平成17年)8月23日

河内

工場内を見学される天皇、皇后両陛下（八尾市で）

笑顔の両陛下 7000人が歓迎

八尾の工場など視察

天皇、皇后両陛下が大阪入りされた22日、訪問先の府庁や八尾市の精密加工機器メーカー周辺の沿道には、約7000人の府民が詰めかけた。来阪は5年9か月ぶり。両陛下は車窓から笑顔で手を振って応えられた。

……れた。
両陛下は、加工用……
製造する「レザック」……
忠二社長の案内で製……
ンをご見学。「一万分……
以下の精密さで作っ……
す」との説明に、天皇……
「小さな数字ですね」……
れた様子で、従業員に……
れからも物作りの発……
張ってください」と声……
けられた。柳本社長は……
り知られていない業……
が、胸を張って励ん……
たい」。同行した太田……
事も「大阪の景気回復……
け、元気をいただいた……
話していた。

平成１７年８月２３日　産経新聞

29　社会　14版　平成１７年(2005年)８月２３日　火曜日

製作機械の製造工場を熱心に視察される天皇、皇后両陛下＝22日午後3時半、大阪府八尾市

もの作りの現場 両陛下がご視察

八尾の工場

関西を訪問中の天皇、皇后両陛下は二十二日、兵庫県西宮市の重度障害者多数雇用事業所・知的障害者能力開発センター「阪神友愛食品」を視察された。同社は障害者が就職するための支援を行っており、生産事業としてレトルト食品の製造などをしている。

両陛下は、従業員らによる水煮タケノコの製造作業の様子を見たあと、障害者関係者と懇談し、障害者らを激励された。

午後には大阪入りし、府庁で太田房江知事から府勢概要を聞いたあと、八尾市の抜型機械製造「レザック」社へ。多くの製造業関連の中小企業を抱える大阪ならではの、もの作りの現場を見て回られた。

二十三日は、堺市の履中天皇陵を参拝し、同日帰京される。

平成１７年９月５日　河内新聞

天皇・皇后両陛下 八尾市を訪問

天皇、皇后両陛下が、七月二十二日午後、八尾市柳木の本の印刷紙器・段ボール抜型機械製造企業をご訪問された。

両陛下は、二十一日、神戸市で開かれた第十八回世界心身医学会議開会式に出席されたことと合わせて、翌日のご来阪の折に大阪府庁に立ち寄られたあと、府内の企業活動の「視察」のため八尾市内をご訪問された。

当日沿道は、両陛下の姿を一目見ようと大勢の地元市民らであふれ、手に手に日の丸の小旗を振りながら熱烈に歓迎＝写真上。両陛下も御料車の車窓から手を振られ、笑顔で応えられていた。

企業の玄関前では、福水健文近畿経済産業局長や地元の柴谷光謙八尾市長、杉本春夫市議会議長らが両陛下を出迎えた。

両陛下は、その後、約一時間かけて精密機器を駆使した製造工程などをご視察され、企業担当者に「これからもものづくりをがんばってください」とお言葉をかけられていた。

天皇陛下の八尾市内ご訪問は、大正天皇が一九一四年十一月に旧陸軍の大演習視察のために当時の八尾町にご訪問されたと記録に残っており、約九十一年ぶりのご訪問となった。

包装タイムス　2005年（平成17年）　9月5日（月曜日）

レザック

天皇皇后両陛下が工場視察

抜型・CADなど約1時間見学

両陛下レザック訪問

レザック（大阪府八尾市、柳本忠二社長、☎0729・95・0339）では、8月22日、天皇皇后両陛下が本社工場訪問を受け、製品見本の説明や工場での稼働状況を視察頂いた。

今回の視察は、両陛下の関西訪問スケジュールの中で組まれたもの。製造企業はレザックと西宮市内の食品製造会社の2社である。

同社は、抜型加工やCADシステム開発、レーザー加工システムなど優れた"ものづくり"の実績が高い評価を受けて、今回の訪問となった。

両陛下は同日、3時[illegible]

レザック本社工場に到着、[illegible]

レザック社長をはじめ同社役員、近畿経済産業局局長、八尾市長、大阪府商工労働部長などの出迎えを受けた。両陛下はまず2階の開発技術室に隣接の製品展示場を見学、印刷紙器や樹脂製品、電子機器などの製品見本とこれに関する抜型などについて、柳本社長より説明を受けた。

さらに1階の抜型加工、組立工場に移動、各種NC加工機械による製品現場を見学するとともに、同社の開発商品である「レーザー加工機」「抜型自動刃物曲げ機」「自動サンプル加工[illegible]

開発技術部[illegible]がとうございます」という[illegible]たタスキレーザーで加工する[illegible]の細工もみられた。

両陛下は、CADやレーザーシステムについて熱心に質問され、現場の技術陣とも言葉を交わした。このあと二回休憩され、4時12分に同社を出発したが、約1時間にも及ぶ訪問となった。これについて柳本社長は「両陛下に当社の小規模な工場やものを見て頂き、大変光栄に感じている[illegible]が、印刷紙器や抜型業界での当社が[illegible]への関わりも再確認[illegible]向けた思う。これを励みにさらに精進していきたいと語っている。

レザックへの行幸啓は、多くのメディアで報道された。その一部を掲載

漁師あがりの魚屋の店主、旭日双光章を受賞

トムソン加工の職人から抜型屋になり、機械屋になった。私のこの経歴は、レザックの営業で大いに役立った。１０代の頃に、薬箱を専門とする会社や、菓子箱に強い会社など、さまざまな現場で専門知識を体得した。それらは顧客のニーズを適切に具現化する提案につながり、信頼を得ることができたのである。

加えて、機械づくりを始めてからは国内外の見本市に足を運び、「この機能とあの仕組みを組み合わせれば、新しい機械が作れるんじゃないか」といった発想を大事にして、アイデアをどんどん蓄積していった。

さらに、その機械を作るにはどれくらいのコストがかかるのか、製品化したときの価格帯はどのあたりになるか、どれくらいの販売数が見込めるか……等々、この業界で長年過ごした経験をもとに判断していった。

たとえるなら、私は「もともと漁師としてあちこちの海に出ていた魚屋の店主」であった。魚を締められるし、血抜きもできる。よく獲れる漁場も知っているし、日本のどこで獲れたどの魚がうまいかも知っている。そんな人間が営む魚屋だからこそ、和食にフレン

チ、中華を問わず、多くの料理人が食材の仕入先として選んでくれたのだろう。
現場で学んだことが、最も強い武器になる。

これは、会社の人材育成にも反映された。

たとえば、営業の際には新人営業マンを連れて行き、商談の様子を録音させた。それを教材として、２回目からは一人で行かせた。

ＣＡＤシステムや機械製作は専門性の高い分野と思われるかもしれないが、プロの人材を雇ったことは一度もない。そもそも、レザックの技術はレザックで生み出されたオリジナルだ。すべて現場で教えて、覚えてもらった。

菱屋・レザックとも、社員は全員、高卒から手塩にかけて育ててきた〝生え抜きの人材〟ばかりだ。そうした社員たちの頑張りがあったからこそ、私は八尾市や大阪府から何度も表彰され、２００６（平成１８）年には経済産業省の「明日の日本を支える元気なモノづくり中小企業３００社」に選ばれた。

そして、２０１０年には内閣府より「紺綬褒章」を授与。２０１７年には、「旭日双光章」を賜った。ＣＡＤシステムを用いてレーザーによる溝加工からブランキングまでの６工程を自動化し、中小企業の生産性向上、業界振興に貢献したと認められたのだ。

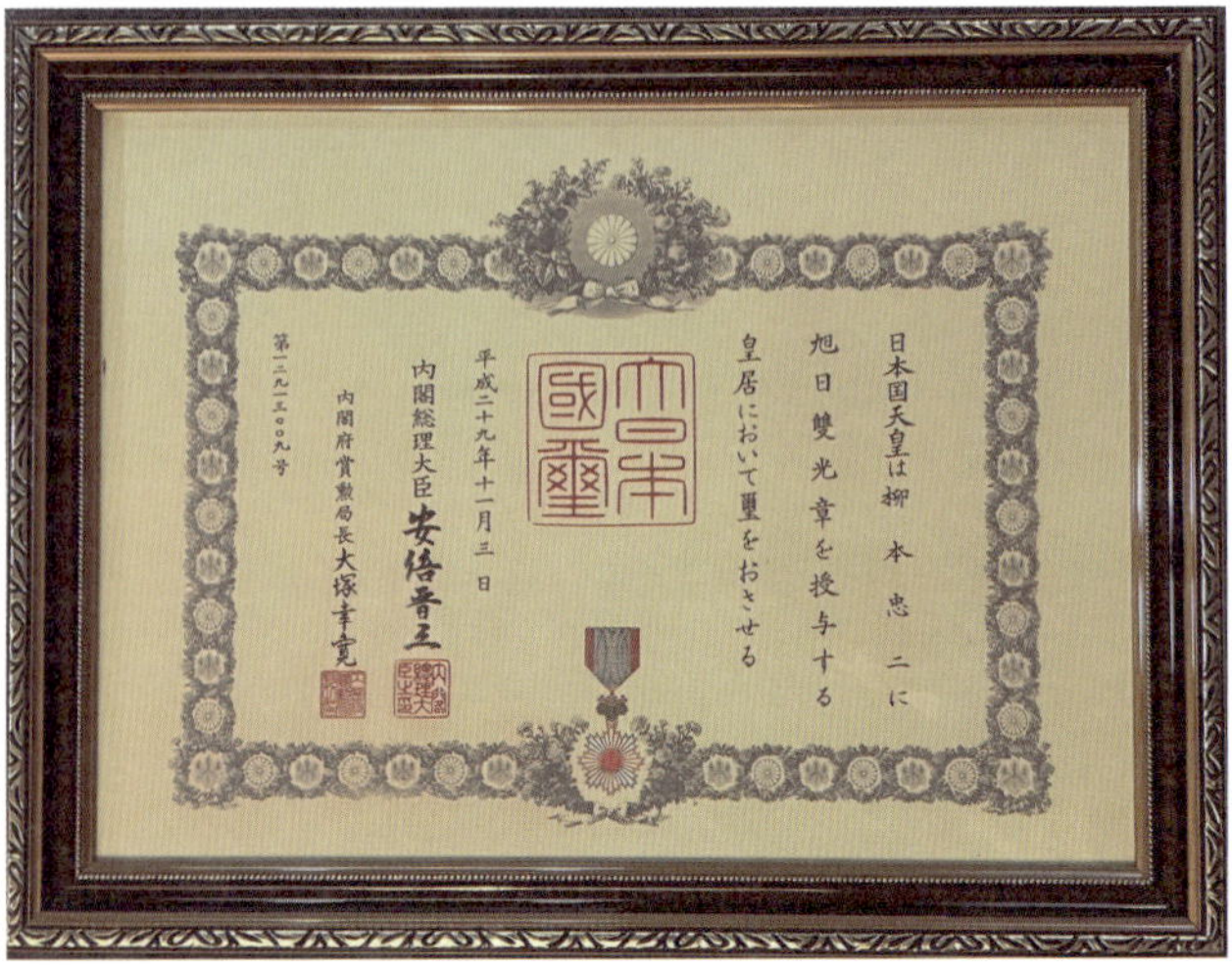
日本国天皇は柳 本 忠 二に
旭日雙光章を授与する
皇居において璽をおさせる
平成二十九年十一月三日
内閣総理大臣 安倍晋三
内閣府賞勲局長 大塚幸寛
第一二九一三〇〇九号

平成 29 年 11 月 3 日　旭日双光章

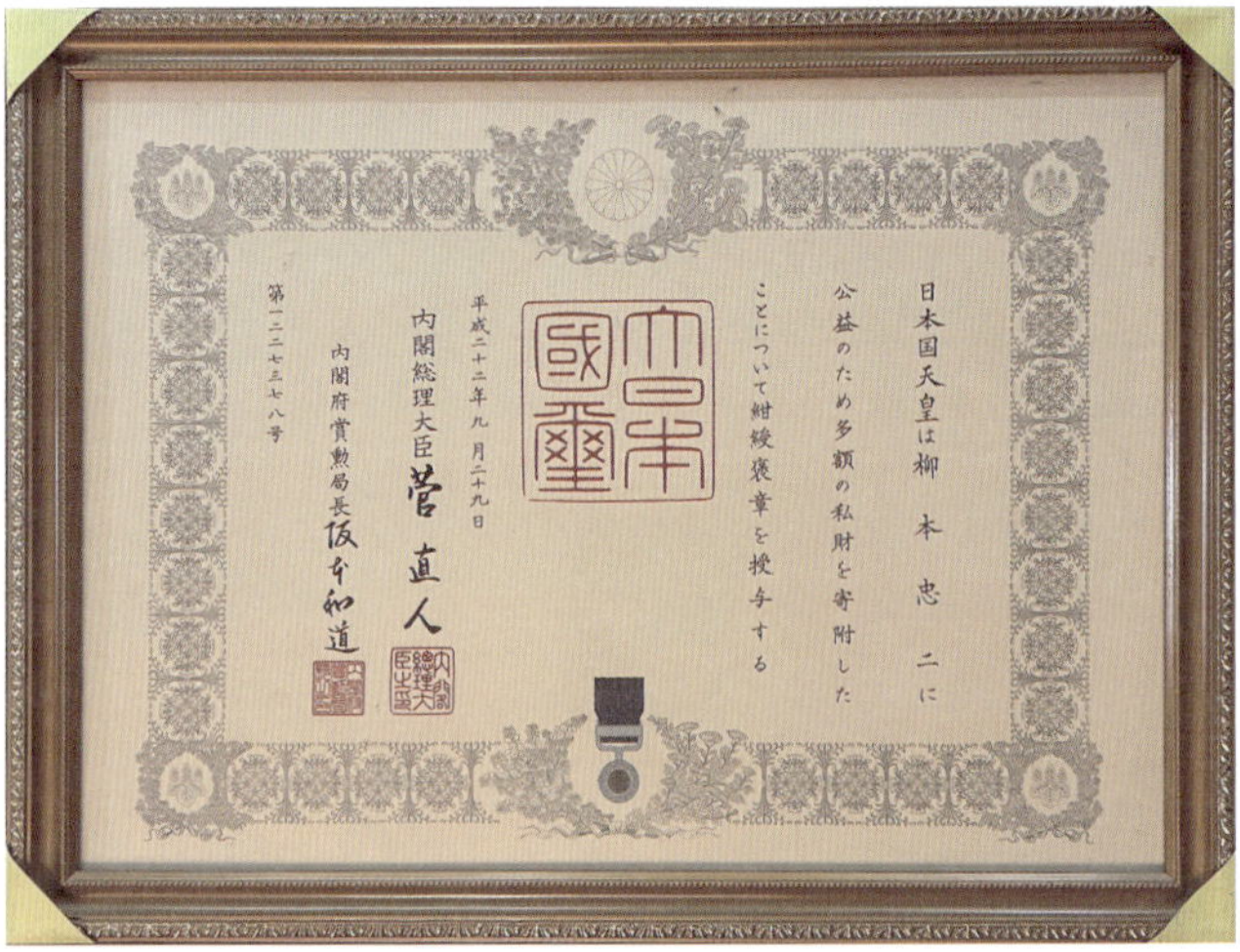
日本国天皇は柳 本 忠 二に
公益のため多額の私財を寄附した
ことについて紺綬褒章を授与する
平成二十二年九月二十九日
内閣総理大臣 菅 直人
内閣府賞勲局長 阪本和道
第一二二七三七八号

平成 22 年 9 月 29 日　紺綬褒章

平成29年秋の勲章伝達式
経済産業省

また、２０１７年はフィリピンの国立科学技術大学から、産業技術科学名誉博士号をいただいた年でもある。私が執筆したＣＡＤの専門書３冊が翻訳され、大学で参考資料として用いられたためだ。その前にも、同じくフィリピンの国立ミンダナオ大学から経営学の名誉博士号をいただいた。

この頃、私はすでに会社からは身を引いて、近畿介助犬協会の活動に励んでいた。私が現場から離れても、社員一人ひとりが変わらず懸命に仕事をして、会社を存続させてくれたおかげで、このような栄誉にあずかったのだと思っている。

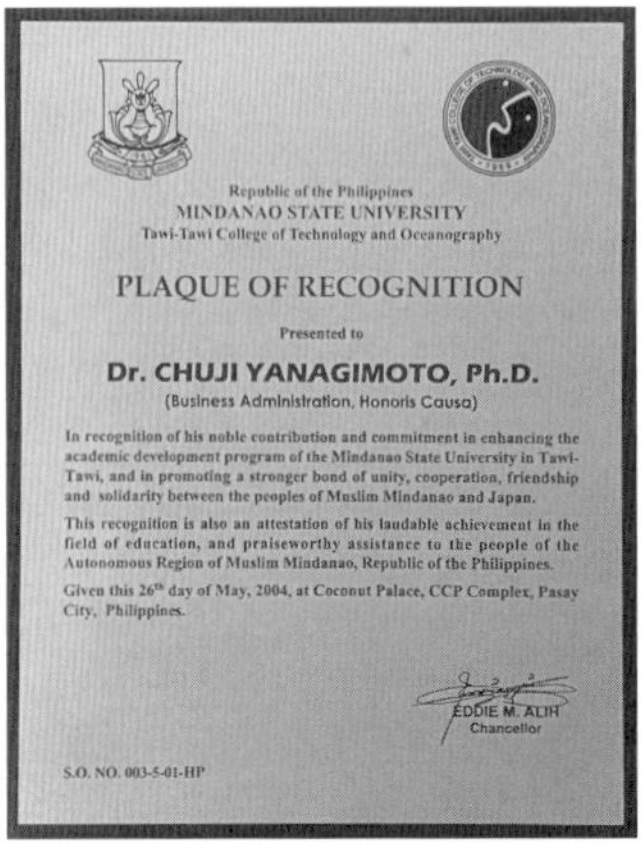
Republic of the Philippines
MINDANAO STATE UNIVERSITY
Tawi-Tawi College of Technology and Oceanography

PLAQUE OF RECOGNITION

Presented to

Dr. CHUJI YANAGIMOTO, Ph.D.
(Business Administration, Honoris Causa)

In recognition of his noble contribution and commitment in enhancing the academic development program of the Mindanao State University in Tawi-Tawi, and in promoting a stronger bond of unity, cooperation, friendship and solidarity between the peoples of Muslim Mindanao and Japan.

This recognition is also an attestation of his laudable achievement in the field of education, and praiseworthy assistance to the people of the Autonomous Region of Muslim Mindanao, Republic of the Philippines.

Given this 26th day of May, 2004, at Coconut Palace, CCP Complex, Pasay City, Philippines.

EDDIE M. ALIH
Chancellor

S.O. NO. 003-5-01-HP

フィリピン国立科学技術大学より
産業技術科学名誉博士号

REPUBLIC OF THE PHILIPPINES

Eulogio "Amang" Rodriguez Institute of Science and Technology

Manila

TO ALL MEN WHOM THESE PRESENTS MAY COME
Sa Lahat ng Makatutunghay sa Kasulatang Ito

GREETINGS:
Mapitagang Bati:

Be it known that the Board of Regents, by Authority of the
Republic of the Philippines and on recommendation of the Academic Council has conferred upon

CHUJI YANAGIMOTO

who has fulfilled all the requirements of the degree of

The Degree of Honorary Doctor of Science in Industrial Technology (SC.D.), honoris causa

with all the rights, honors and privileges, as well as the obligations and
responsibilities thereunto appertaining.

In Testimony Whereof, the seal of the Institute and the signatures
of the President and the Registrar are hereunto affixed.

Given this 21st day of February, Two Thousand and Nine at
Eulogio "Amang" Rodriguez Institute of Science and Technology - Manila, Philippines

SHEILA M. MATIAS
Registrar

EDUARDO S. CAILLO, PH.D.
President

フィリピン国立ミンダナオ大学より
経営学名誉博士号

第４章

私の経営論

特許の意義

レザックの歴史は、機械開発の歴史である。

そして、開発した技術の多くは特許をとった。特許取得数は約100件。知的財産として会社の屋台骨となっていることは疑う余地がない。発案者は、そのうち1つか2つを除いて、いずれも私である。

アイデアが浮かぶのは、大半が東京―大阪間を新幹線で移動する片道2時間あまりの道中だった。現在のような小型の携帯電話はまだ登場しておらず、ショルダーホンと呼ばれる大きな弁当箱のような端末であった。新幹線で移動している間はショルダーホンに電波が届かなかったため、私は着信に妨げられることなく思考に集中できたのだ。

「特許」と一口に言っても、その種類は膨大だ。

最近の事例では「フリクションボール」が有名だろう。それまでどこにも存在しなかった、まったく新しいものを開発した特許だ。一方で、すでに存在しているものにアレンジを加えた部分的特許もある。こちらは判断が複雑で、特許の侵害に関する裁判事例がいくつもあることからわかるように、解釈によって結論が変わることがある。

特許は、取得すれば１００％権利を侵害されない安心材料などではない。まして、常に白黒をはっきりさせるような便利なものでもない。

だが、一般的には特許を取得することで「市場を独占して利益率が高まる」、「社会的信用度が高まる」などの効果が期待できる。購入側の立場にたってみれば、自社に導入する機械が特許を有していることは安心に繋がる。万が一、購入後にその機械が他社の特許権を侵害していたことが判明した場合、その問題が自社にまで及ぶ可能性がある。そのようなリスクは避けたいはずだ。

レザックがこれほど多くの特許を取得した理由は、他者が権利化することを阻止する「防衛特許」としての意味合いが大きい。

たとえば、営業先で「この技術は特許を取っています」とアピールするだけで、相手に「この技術は真似できない」と思わせる効果が見込める。とくに大企業が町工場の特許権を侵害すれば、いわゆる「下請けいじめ」となり、非難を受けるリスクが高まるからだ。

ただし、レザックが取得した特許の多くは、非常に狭い領域の技術だ。おそらく説明しても一般人には理解が難しく、読者の皆様にはまったく関係ないものがほとんどだろう。実益は乏しいが、保有していない場合に多大な損失を被るリスクがある。そのような、細部にこだわって開発した技術の特許は、ものづくり企業の保険ともいえるのだ。

加えて、取得するまでの過程にも2つの意義がある。

第一に、申請段階から弁理士らと共に特許庁と協議を重ねることで、他社の特許権を知らずに侵害してしまう、という事態を未然に防ぐことができる。

何せ、特許は種類が多い。食品、工業、薬品、化学、機械、等々……。同じ機械分野だけでも数が多すぎて、自社が申請した技術と同じ特許が存在するかどうかは、専門家でなければとても把握できない。

第二に、すでに誰かが同じような発明をしており、申請を却下されたとしても、理由通知書に添付されている先行出願を事例として学べることに価値がある。わずかな解釈の違いなど、微妙な点が指摘されていたりするので、参考資料として役立つのである。


レザックでは、特許調査から管理、申請業務まで、知的財産管理を専門に行う部署がある。従業員数80名の中小企業としては、極めて特殊なケースである。

「同業他社が自社製品とよく似た機能を持つ製品の開発、または販売を開始した」ことが判明したり、営業部から情報が入ったりしたときは、その部署が調査を行う。調査の結果、レザックの特許に抵触していればただちに通知を出す。ほとんどの場合は「抵触していることを知らなかった」という返答が来るので、開発や販売を中止するか、特許料をレザックに支払うか、という交渉に入っていく。無論、その機械が世に出ることでレザックの売上が落ちると予想される場合は、決して使わせない。

一方で、特許に抵触していても、それが自社の売上に影響を及ぼさないような些細なものであれば、とくに通知などは出さずに使用を許可している。

ちなみに、特許関連の部署の社員は、大阪工業大学知的財産専門大学院の出身で、同大学院とは教授との付き合いもあることから、インターンシップの受け入れを行っている。そのほかにも、「多くの特許を持っている会社」として、経済産業省や特許庁の役人が研修にやってくることもあった。

三ない主義

菱屋を立ち上げてからしばらくして、私は経営者として自身が守るべき「三ない主義」を掲げた。

「手形を切らない」

独立した直後、私は大手企業の電子機器のＩＣチップの抜型を受注し、３万６０００円で契約した。このとき初めて手形を受け取ったが、まだ１９歳で手形の仕組みなどわからなかったため、銀行ではなく馴染みの米屋に持って行った。すると、米屋の主人が現金と替えてくれた。

ところが、これが不渡り手形になってしまった。米屋の主人に弁償するため予定外の出費が生じてしまい、たいへん苦労したのだ。それ以来、私は絶対に手形は切らないと決めた。関連会社であっても必ず現金で決済している。

「下請けを作らない」

外注する部品は、精度によって値段が変わる。許容する誤差が１００分の5か、１００分の１かでは、価格が１０倍も違うのだ。

仮に、５つの部品を組み合わせて一つのユニットを作った際の許容誤差が、１００分の３以内だとする。このとき、各部品の許容誤差を１００分の5にしていたら、部品一つでアウトになってしまう。私は製造方法を理解しているため誤差が出る原因を予想できるし、改善のための具体的な要望も出せる。だが、それをすると膨大なコストがかかってしまう。それだけコストがかかる作業であることも、理解できる。

そのため前章でも話したように、高い精度を求めるのであれば、内製化が最適解だった。自社ですべての部品を作るのであれば、部品Aにプラス0・02㎜の誤差が生じていても、部品Bの「部品Aと組み合わせる部分」にマイナス0・02㎜の修正を加えることで相殺できる。

念のため補足しておくと、「精度」とは、たとえば「1㎝の部品が、ピッタリ1㎝か否か」を示すものではない。「部品Aを10個作る際、その10個がすべて同じか」、「部品Aという基準を正確に再現できたか」である。

無論、それを判じるためには精度の高い測定器具が必須となる。そのためレザックでは、国内最高レベルの測定器具を導入した。たとえば3mの部品に対して、3μの誤差を認識する。これが実現できているのも、内製化の賜物だ。

加えて、世の中の技術の進展に合わせて、製作する機械もどんどん進化していかなければならない。だが、下請け会社は急な発注にも応えられるよう、常に一定の在庫をストックしているものだ。それを「新商品に切り替えるので、その部品はもういらない」などと元請けから言われたら、大きな損失を被ることになる。それが原因で下請けと元請けの関係性が悪くなったり、トラブルに発展したという事例は枚挙にいとまがない。

「在庫を持たない」

「在庫」には二つの意味がある。ひとつは機械。もうひとつは部品である。

レザックの機械は一般大衆向けではないため、商品を大量生産する必要はない。顧客の要望に合わせたカスタマイズを行い、完成品はただちに納品される。ゆえに機械の在庫は存在しない。

部品も同様だ。そもそも、レザックのすべての機械の部品を合わせると、3000点ほどになるだろう。そのような大量の部品を余分に保管しておくスペースなどないし、その必要もない。

なぜなら、部品の製造――つまり加工作業は、自社で数分、どれだけ複雑な加工であっても20分程度で完了し、一つずつ精度を測定しながら次の部品を作っていく。製造する機械に合わせて部品を作るのであれば、やはり在庫は発生しない。部品のデータと加工機械があれば、在庫を持つ必要がなくなるのだ（もちろん例外はあるが）。

この「三ない主義」に加えて私が心がけていたことは、「油断しない」ことだ。どのような簡単なことであっても、油断したとたんに失敗する。その失敗が自分にだけ降りかかるのなら大したことはないが、自分の影響力が広く及んでしまう領域で失敗すると、従業員や取引先、多くの人を巻き込んでしまう。それだけは絶対に回避しなければならない。

会計知識を駆使した節税

会社を法人化するために経理専門学校の夜学に通い、自分で帳面をつけるようになってからは、会社の金に一円たりともあいまいな部分はない。

もちろん、できる限りの節税はしている。ときには税理士から「なんでそんなことを知ってるんですか？」と驚かれたこともある。違法ではないが、あまり知られていない節税方法は、実はたくさんあるのだ。それは専門学校時代、講師であり現役の税理士からの「課外授業」で学んだ。

たとえば、減価償却だ。高額の資産を購入したとき、全額を経費にしてしまうと売上と経費のバランスがとれなくなるため、耐用年数に合わせて少しずつ経費として計上していくのが減価償却である。「購入後は毎年減価償却していく」と考えがちだが、減価償却を計上するかしないかは、あくまで任意である。

私は、赤字のときは減価償却の計上をすべて止めた。黒字で計上しなれば節税効果はなく、計上できる回数が決まっているのだから、黒字になるまで中断すべきと考えたからだ。

また、交通費と交際費の計上についても妥協はしなかった。

たとえば、浜松市の会社との打ち合わせの際、互いの中間地点である滋賀県大津市で待ち合わせをして、先方の交通費を持つことがあった。会議終了後はそのまま会食となるため、税理士はその交通費について「飲食が入っているので、交通費ではなく交際費になります」と主張した。そこで、私は直接税務署に説明した。

「これは交通費です。私たちが浜松まで行った方が高くつくため、うちが交通費を出して先方に来てもらう、という方法をとったのですから」

すると（飲食が含まれているため全額ではないが）、交通費として計上できるようになった。一般的には飲み食いが入れば交際費扱いになるが、交際費は上限枠があるため、説明して説得できれば交通費として認めてもらったほうが得なのだ。そして、税務署は一度認めたことを覆すことはない。担当が変わっても、必ず前任者が引き継ぎをしてくれている。

他にも「これは適法では？」と思われる節税方法がいくつかある。税理士に相談すると「違法ではないけれど、指導でそれはダメだと言われている」

このような答えを返されることがある。

その場合、私は税務署に電話をかける。名前は告げずに「このようなときに、こういうことをしたら違法でしょうか？」と尋ねる。そこで良い回答が得られたら、その日にちと対応してくれた相手の名前をメモしておく。その後、税務調査で質問されたときにメモを見せて「この日に税務署に電話をかけて、この人に質問をしたところ、このように答えてもらいました」と伝える。そうすれば、問題ではなくなる。

専門家に確認する。その上で実行する。

これを徹底していれば、正当な節税で会社にお金を残すことができるのだ。

売上ではなく支出をコントロールする

経営管理で重要なこと。

それは「売上をあげる」よりも「支出をコントロールする」ことだ。

経営者として消極的な態度に見えるかもしれないが、出費を抑えようとせず、それを補うために売上をあげようとすれば、必ず失敗する。

その証左として「個人経営のときは順調だったのに、従業員を雇った途端に経営が悪化して潰れてしまった会社」は、数え切れないほど存在する。

仮に、個人経営で、50万円程度の利益で安定的に続けてきた店があるとしよう。

この店が従業員を一人雇ったら、どうなるか。毎月20~30万円の人件費が発生するが、すぐに利益が2倍、3倍になるわけではない。結果、利益がほとんどなくなり、あっという間に立ち行かなくなってしまうだろう。

狙った金額の利益を必ず出すことなど、誰にもできはしない。だが、支出はコントロールできる。だからこそ、まずは少ない支出で経営を維持できる体制を作る必要があるのだ。

経営学の本では、よく「売上アップ」を最初の目標とし、そのための戦略について説明されているが、この考えはひじょうに危険である。

どのような策を講じたとしても、確実に売上があがるという保証はどこにもない。それよりも支出の数字を確認し、「翌月に２００万円の支払いがあるが、今月の売上は１００万円しかない」という状況であっても支払い可能な体制を作っておくべきなのだ。

とくに、従業員の増員は、慎重に検討する必要がある。

先ほど述べたように、従業員数が増えても売上は増えない。単に、一人当たりの仕事量が減るだけだ。

一人当たり１０の仕事をしていたところ、増員で仕事量が８まで減った場合、従業員は仕事が楽になったと喜ぶだろう。しかし、その後は１０の仕事量をやらなくなる。結果、支出が増えただけで売上は変わらない、という状況になってしまうのだ。

それならば従業員を増やすのではなく、手当てを増やしたほうがいい。

負担軽減は大事だが、余裕ができたから仕事の質が上がり、それが利益増加に繋がると断言するのは、いささか無責任であろう。そのような考えは「攻めの経営」ではない。単なる博打であり、早々に修正しなければならない。利益が増えるかどうかもわからない状態で人件費を増やすというリスクにこそ、経営者として注視すべきなのだ。

素人の強さ

これまでの経験から、私は「プロ」の言うことを信用しない。

まだ機械に疎かった頃、技術畑の人間に指示を出しても
「それは無理ですわ。社長は好きなこと言いはるけど、機械のことを知ってる人なら、とんでもない注文ですよ」

と反論し、試そうとすらしなかった。それに対して、いつも私は思ったのだ。

「自分のレベルで無理、ということだろう。もっと高いレベルの技術を持っている人間なら、できると言うはずだ」

第一、機械工学の専門知識が皆無であった私でも、専門書や現場での学びから、レザックという機械メーカーを立ち上げるに至ったのだ。現在の知識や経験のみで判断して「無理」と決めつけるなど、とてもプロの考えとは思えない。

誰でも最初は素人だ。だからこそ、必死に勉強し、練習して腕を磨いていく。もっと上手くなりたい、できないことをできるようになりたいという情熱があれば、成長が止まることはないはずだ。

私の感覚では、その分野の理解度が「5」くらいになれば、その上の「7～8」レベルのことも理解できるようになる。さらに「10」まで理解が高まれば、ずっと先の「20」まで予想できるようになる。現在の技術では不可能なことも、別の技術と組み合わせるといった工夫次第で、到達可能な範囲は無限に広がっていくものだ。

「それは無理です」という言葉は、努力を怠っているから出てくるのだ。

機械作りを始めた頃、ある工学部出身の人間に相談をしたことがある。

「わかりました。そういう機械を作りたいのでしたら、この方法がいいでしょう」

「いや、その方法よりも、こっちのやり方の方が効率的だと思うが……」

「それは素人の考えですね。私は専門家です。信じて任せてください」

そうして仕方なく任せた結果、出来上がったのは、非常に使いにくい代物だった。

「操作がやりにくいし、動作も遅い。これじゃあ売れない。どうにかならんか」

「無理ですね。今の技術では、これが限界です」

結果として、人件費から材料費などのコストを含めて、すべてがパーになってしまった。

そのような経験から、私は人事においては「逆・学歴差別」をしていたように思う。

中卒や高卒の社員には、基礎から丁寧に教えた。一方で、学歴を鼻にかけているような大卒の社員には、

「これくらいは教えなくてもできるやろ。大学まで卒業したんなら、他の社員以上のことができて当たり前や」

と、我ながら当たりがきつかった。

学歴コンプレックスを抱いているつもりはなかったし、大学といってもさまざまなレベルがあり、どのように過ごしてきたのかも千差万別であるから、あくまで「自分は専門家だ、プロだ」と自称する人間に限った差別であったが。

中途半端な専門知識は、視野を狭める。ものづくりへの情熱あふれる素人のほうが、無限の可能性を信じ、知らぬ間に物事の本質へと向かっているものだ。


「知らないからこそ、生み出すことができる」

私の口癖である。

知識も経験もなく、何も知らないからこそ「これ以上は無理だ」と諦めることはない。

「もっといけるはずだ、自分が方法を知らないだけだ」と、限界を意識せずに突き進むこ

とができるのだ。

切実さという動力源

自動製図機第一号が完成した１９８０年ごろは、忙しいながらも毎日が充実し、自分自身も会社も大きく成長していると実感できた時期であった。

その中にひとつ、苦い思い出がある。

知り合いの運送業者から、トラックの運転席の上につける、風防の型を作ってくれないか、と頼まれたのだ。幌と運転席の段差をなくし、空気抵抗を下げることで、１カ月あたり２～３万円も燃料費が浮くとのことだった。

それを聞いたときは驚き、チャンスだと感じた。

しかし、当時は多忙を極めていた。おまけに、素材がファイバーという未知の代物だった。少し悩んだ末に、私は断ってしまった。チャンスが目の間にあったにもかかわらず、逃してしまったのだ。

仕事が落ち着いてその話を思い出したときは「逃した魚は大きかった……！」と、ひどく落ち込んだものだ。

なぜ、その仕事を受けなかったのか。忙しかったから、ではない。受けなくても、会社が潰れることはなかったからだ。

同じ悩みは、現在も続いている。

人間は年を重ねるごとにさまざまな能力が衰えていくが、逆に進化していく能力もある。資金に知恵、技術、人材、人脈などだ。これらは若い頃よりも、80歳を目前とする現在のほうがはるかに優れている。持っている力を駆使すれば、思い浮かんだアイデアを形にすることは、昔よりも簡単になった。

作るべきもの、作れるものは、たくさんある。

だというのに、アイデアの大多数は流れてしまっている。形にしなくても、困らなくなったからだ。

10代の頃のように、生きるか死ぬかという切実な状況であれば、脇目も振らずに走り出し、知識と技術を身につけて磨き上げ、具現化を目指すだろう。だが、今は会社が安定している。そのため私はのんびり座してしまい、行動を起こす活力が湧いてこないのだ。

会社が成長し、経営が安定し、不安が払拭される。それは決して悪いことではないが、経営者にはその状況が、最大の試練の時といえるだろう。

切実さという動力源を失い、そのまま自身の能力を「宝の持ち腐れ」にしてしまうのか。それとも新たな動力源を見つけて、持てる力を発揮し続けるのか。

選ぶべきは、後者だ。まだ光明は見えないが、足掻き続けるつもりである。

学歴は「中学校中退」

私は中学3年生の6月、修学旅行を終えてすぐに出奔した。卒業式には出席していないため、正しい学歴は「中学校中退」である。間違われやすいのだが、中学校を卒業していない。私が「自分は中卒だ」と言えば、それは学歴詐称になる。

そんな私でもレーザー加工機の仕組みやＣＡＤシステムについて理解しているし、近畿大学や大阪大学で、１０年近く講義を行ってきた。また、その他の複数の大学でも講義を行った。

多くの特許を取ったし、ＣＡＤシステムの専門書も3冊出版した。

だが、決して「工学部出身」ではない。すべて専門書から学んで身につけた知識だ。先に述べたように、素人だからこそ「わからない／できないのは、自分に知識がないからだ」と思い、貪欲に勉強をしてきた。

そのため、私の頭の中にあるのは「仕事で必要になった知識」のみだ。レーザー加工やウォータージェットの仕組みは理解していても、工学の基礎知識はない。

たとえば、私は機械を設計する際の、歯車が噛み合う部分にかかる圧力の計算方法を知っている。また、10のマイナス15乗という極めて短いパルス幅を持つフェムト秒レーザー加工機の開発も、大阪大学、大阪産業技術研究所とチームを組んで行った。フェムトとは、1秒間に30万㎞（地球7周半の距離）を進む光が、髪の毛の太さと同じ0・3㎜幅を通る時間の短さである……などと、一般の人に話してもチンプンカンプンだろう。

そういった話ならいくらでもできるが、中学生から連立方程式や二次方程式の問題を出されても、私は解答できないことがある。中学時代はアルバイトばかりしていて、習っていないからだ。

そのため、会社を引退した現在も勉強は続けている。仕事に必要な専門分野ではなく、自分のために、中学校と高校の数学をYouTubeで学んでいるところだ。

「CADシステムやレーザー加工の理論が理解できるなら、連立方程式くらい簡単にマスターできるのでは？」

そう思ったかもしれないが、それは連立方程式を知っていて、ＣＡＤシステムを知らない人の感覚だろう。知らないことを学ぶのはいつだって面白く、楽しいが、やはり若い頃のようにはいかない。若い頃に基礎をマスターしていれば応用の理解も早いが、高齢になってから新しい分野の基礎を学ぼうとすると、時間がかかるものだ。とくに、図形処理においてはなおさらである。

歳を重ねるごとに夜更かしができなくなり、起床時間が早くなったため、毎日早朝4時からYouTubeで勉強を続けている。できれば大卒程度、少なくとも高卒程度の数学を、早く身につけたいものだ。

株式会社アイ・ティー・エム

菱屋とレザックの経営は2代目に任せたが、私が現在も社長を務めている会社がひとつある。１９８７（昭和６２）年に立ち上げた、株式会社アイ・ティー・エムである。看板屋の会社と医療用サウナ事業をそれぞれ買い取り、合併させて新しい会社を作ったのだ。

まずは、看板屋について説明しよう。

学校や百貨店などで使われている懸垂幕（垂れ幕）や、電飾看板、壁画や展示会用のプリントなどの製作会社を経営していた知人がいた。彼には子どもが3人いたのだが、彼の死後、子どもたちは相続で揉めるようになってしまった。

その争いが数年経っても続いたため、見るに見かねた私は、彼らの仲裁を試みた。するとと「会社を買ってくれ」と言われた。だが、それは難しかった。看板屋の資本金は1000万円だったが、バブル期に26億円の価値がついた大きなビルを所有していたのだ。地上7階、地下1階。4階までは賃貸オフィス、5階から7階は賃貸マンションだった。

そこで私は「きょうだいで話をつけて、株をすべて私に売ってくれ」と提案。結果、2億円で看板屋のすべての株を買い取り、さらに会社役員となっていた3人のきょうだいに合計2億5000万円の退職金を支払った。

その後、業績が好調だったレザックに、このビルを10年契約で貸し出した。

私はレザックで約6億円かけてビルを改修した。改修費は家賃収入で補填できるため、大きな損失は出ない。そして、10年後にビルを看板屋に返してもらった。綺麗にした後なので、看板屋の帳面上はビルの維持費を抑えることができた。

同じ頃、医療用サウナ事業を買い取った。

私はアトピー性皮膚炎のため、温泉や銭湯は好きではなかったが、息子がロンドン大学から帰ってきたとき、近所の風呂屋に「一緒に行こう」と誘われて付き合った。そこに医療用サウナがあったのだ。

試しに入ってみると、今まで感じたことのない気持ち良さだった。

サウナといえば高温で息苦しい、身体が疲れるものと思っていたのだが、そのサウナは低温でじっくりと温めてくれるため、汗は出るが身体への負担が少なく、全身が軽くなった気がした。

「このサウナは、どこの製品ですか」

風呂から上がった後、思わず主人に尋ねていた。

後日、教えてもらった会社に面会の予約を入れて訪問した。ＮＮＯという名の建築系の会社で、バブルがはじけて経営が悪化し、すでに潰れる寸前だった。

「もう会社を畳もうと思っていたところですが……気に入ってくださったのなら、事業を買い取ってもらえませんか」

この申し出を受け入れて、私は１億円で医療用サウナ事業のみを買い取った。

レザックの機械やＣＡＤシステムのような、大きな利益が見込める仕事ではないが、このサウナを作る技術が失われてしまうのは惜しいと思ったのだ。ちょうど看板屋を会社ごと買い取る話になっていたため、合併させて新しい会社を作るという構想もあった。

このとき、医療用サウナ事業とともに、社長の息子を新会社で採用した。阪大の建築科を首席で卒業し、長谷工で設計を担当したこともあるという優秀な人材だ。ＮＮＯ事業部の仕事は、彼に一任した。現在、アイ・ティー・エムの社長である。

通常のサウナとの違いは、特殊な波長をもつ遠赤外線（特許取得済）を使っていることだ。医療機器の承認を受けているため、以前は病院にも納品していた。また、大手のホテルに入っているサウナや、有名人が自宅に設置している個人用サウナは、ほとんどがこのサウナだ。

ただし、医療用はもちろん、業務用も毎年厳しい検査を受けなければならない。その費用がかかるため業務用と医療用は認可を返し、いまは「医療機器の承認を受けた家庭用サウナ」として販売している。

そうして、私はＮＮＯと看板屋を合併。一つの会社に医療用具・健康器具・健康食品の製造販売を行う「ＮＮＯ事業部」、インクジェットプリンターによる出力事業を担う「デジタル事業部」、レザックの代理店としての「ＩＴ事業部」を設置した。

大きな利益は出ていないが、そのぶん大きな損失もなく、それぞれの事業部が専門分野を生かした事業を展開している。


余談だが、医療用サウナの会社の社長とは、不思議な縁があった。

初めて訪問したとき、ジェーン台風で父の会社が倒産し、それがきっかけで大阪に出てきたことを話した。すると、

「ああ、あの台風はひどかったですね。昔はうちも和歌山で材木屋をしていたのですが、あのときダムが決壊して、紀ノ川に貯木していた材木がすべて海に流れてしまって……」

「えっ、実はあのダムを作ったのは、私の父親で……」

「え、そうだったんですか？　そういえば、柳本……。私の曽祖母は、柳本の家から嫁入りしたと聞いたことがあります」

柳本という苗字の人は少ない。大阪で出会った私以外の「柳本」は２人だけ。ほかは和歌山県と長野県に集中しているようだ。もしかしたら、みな遠い親戚のようなものなのかもしれない。

同じジェーン台風に人生を変えられた人間であり、遠い親戚かもしれない相手。そんな人物と大阪で偶然出会い、新しい事業を興すことができた。まさに奇縁というべきだろう。

第５章

次代に受け継ぐ

「逃げ場のない状況」が人を育てる

自分の力で苦難を乗り越え、人生を切り拓いてきた。それが私の誇りであり、自分の強さの原点だと考えていた。

息子たちにも、どのような苦境に陥っても生き抜く強さを身につけてほしい。

そう願った私は、長女には甘かったが、長男と次男にはできるだけ自分と同じ環境を与えて、幼い頃から厳しく育ててきた。乱暴な言葉は日常茶飯事。悪いことをすれば竹刀で叩いたし、新聞配達のアルバイトをさせていたときは、さぼればベランダに放り出し、朝まで座らせた。

厳しいだけではなく、息子たちに与えた教育は、日本ではかなり特殊だろう。

長女は幼い頃から音楽が好きで、ピアニストになるという夢を持っていた。その夢を叶えてやるため、音楽大学に進学できるように教育計画を立てた。

一方、長男と次男には明確な将来像がなかった。そこで、海外留学をさせることにした。

長男は中学3年生でイギリスのブライトン学校へ。その後はロンドン大学でコンピュータサイエンスを学んで修士号を取得した。

次男は中学3年生でアメリカに渡り、高校はゴールドアカデミーに。ロンドン大学経営学部に進学し、3年生からはハル大学の経営学部にも通い、2つの大学を卒業した。そしてハル大学の大学院に入り、日本人第一号のMBA取得者となった。

このため、子どもの教育費は毎年2000万円が必要だった。給料だけでは足りず、個人的な投資活動などで得た利益も全て学費につぎ込んでいた。それ以外に金を使うことも、貯めることもできず、10年間で約2億円を投じたのである。

さりとて、海外志向が強かったわけでも、国際化に対応できるスキルを身につけさせようと思っていたわけでもない。教育哲学のようなものはなく、とにかく「外に放り出して鍛えよう」と考えていたのだ。

「自分は子どもの頃、逃げ場のない状況に身を置いたからこそ力を発揮できた。だから、息子たちにもできるはずだ」

日本にいる限り、実家に帰ろうと思えばいつでも帰れる。おいそれとは帰れない場所にいれば、甘えを断ち切って「ここで道を切り拓くしかない」と覚悟を決めるだろう。

いわば、我が子を千尋の谷に突き落とす獅子と同じである。長男と次男をそれぞれ違う国に留学させたのも、徹底して「一人でなんとかする」という状況をつくるためだった。

そうはいっても、学費や寮費をこちらで払っているうえに、毎月2万円の仕送りもした。崖の上からロープやヘルメットを下ろしてあげたような状況だった。

甘やかしてしまったことも多々あった。次男が通っていたアメリカの学校では、長期休暇中は寮が閉鎖される。世話をしてくれる大人が誰もいなくなってしまうのだ。事前にそれがわかっていた私は、彼に忠告しておいた。

「正月以外は帰省禁止やから、学期中に友達をつくって、家に泊めてもらえるように根回ししておけ。それができなければ、草でも食べて飢えをしのぎながら道端で寝るしかない。冬でなければ凍え死ぬことはないし、捕まることもないんやから」

にもかかわらず「寝泊まりするところがない」とSOSを送ってきた次男に、私は帰省するように伝え、飛行機代を送ったのである。

私が10代のときに味わったような過酷さはなかっただろうが、息子たちの心には早いうちから「自分の将来は自分で切り拓いていくしかない」という認識が刷り込まれていたはずだ。「厳しい・乱暴・冷たい」の三拍子そろった私に育てられて、少々のピンチには動じず乗り越えていく図太さとタフさ、どこに行っても無事に戻ってくることができる強さが備わった。

私は、そう信じていた。

父子の関係

このように話すと、子どもたちは幼少時、常にびくびくしながら生きていたように思われるかもしれないが、そうではない。子どもたちと私は、昔からとても仲良しである。私は怒りっぽいが尾を引かないタイプだし、普段は冗談を飛ばしたりして陽気に振舞っているため、子どもたちも気安く接してくる。私が急に怒り出しても、それが一時的なものであることを理解して、うまくやり過ごしている。

ただし、寂しい思いをさせたことは否めない。父として、子どもの入学式や卒業式、授業参観日などに顔を出したことはないし、子どもと一緒に過ごした時間は、世の中の一般的な父親と比べると、はるかに短いだろう。

家族で過ごす時間を忌避していたわけではない。

「次の日曜日、○○に行こう」

外出の約束は、何度もした。だが、私は土曜日の夜は（仕事も兼ねて）遅くまで飲んでいるうえに、低血圧で朝が弱い。日曜日の朝早くに起きて出かけることは、決して容易なことではなかったのだ。

（出かける時間や……、起きなあかん、起きて外出の用意をせな……）

弁当を用意した妻と、期待に胸を膨らませた子どもたちが玄関で待っていることはわかっていた。だが、瞼も体も重くて、どうしても寝床から起きあがることができない。

そして、妻が部屋に迎えに来るころには、いつも負けを認めていた。楽しみにしていた子どもたちと、準備してくれた妻には心から申し訳ないと思いながらも、休息を求めて二度寝してしまうのだった。

それでも、年に1回は家族旅行をしていた。特に富士登山と、アドベンチャーワールドに行ったときのことは、私にとってかけがえのない思い出となった。

楽しい思い出をたくさんは作ってやれなかったし、仕事が忙しかったため、あまり構ってやれなかった。しかし、不安はなかった。「子どもは親に守られずとも強く育つ」と信じていたからだ。自分自身がそのように育ってきたし、息子二人も親に頼れない環境下で立派に成長した。だからこそ、社会に出た一人前の子どもに必要以上に構おうとする親を見ると、気分が良くない。

そうした経験に基づく価値観や哲学は、事業継承にも反映された。

家族経営の中小企業では、社長が子どもに徐々に仕事を教えていき、ある程度の段階に到達してから社長を譲る、というケースが多い。だが、私は息子たちに下っ端の地道な仕事ばかりを１０年近くやらせた後、突然「社長になれ」と言い渡すつもりであったし、実際にその通りにした。

本気で泳ぎをマスターさせたいなら、どうするべきか？

私の答えは「ある程度プールで水に慣らした後、いきなり海に放り出す」だ。波や潮の流れ、いつ荒れるかわからない天気、サメに襲われる危険性など、安穏としていられない環境でこそ、真の泳ぎは身につけられる。もちろん、泳ぎをマスターする前に溺れたり、サメに襲われたりしないよう、いつでも助けられる場所で見守ることが前提だ。

人間は負荷が大きいほど成長の度合いも大きくなり、潜在能力を発揮できる。ある種のショック療法のようなもので、逼迫した状況に身を置けば、生存本能が刺激されて適応しようとするはずだ――そう考えていたのだ。

事業継承の失敗

2005（平成17）年に行幸啓を賜ったことを機に、私の価値観、人生観は大きく変わった。そして会社を存続させるため、長男にレザックの社長を、次男に菱屋の社長を譲ることにした。とはいえ、2009年に近畿介助犬協会を開設して会社を引退するまでは、私が代表権を握っていたため、いわば「名ばかり社長」の時期もあったが。

そもそも、事業継承の準備など何もしていなかった。

会社経営という点では、菱屋よりもレザックのほうがはるかに難しい。菱屋は抜型製作という受注型の仕事で、新しい機械を買わなくても仕事を回していける。対して、機械を作るレザックは提案型である。先行投資による研究開発、新商品の営業販売といった新陳代謝を繰り返さなければ、途端に存続の危機に陥ってしまう。

その会社を、私は長男に任せた。経営学を学び、コンピュータサイエンスで修士号をとった能力を信用したのだ。

唯一、守り抜いてきた経営方針「三ない主義」は、二代目にも戒めとして役立つと思うが、あとは「自由にやれ」と言うほかなかった。

口ではそういっても、長年、会社のリスク管理に心を砕いてきた性《さが》に抗うことは難しかった。「現社長を信じて、ここはグッと堪えるべきだ」とわかっていながら、経験の浅い二代目社長のやり方に敏感に反応し、事あるごとに口を出し、時には怒鳴りつける状態がしばらく続いた。自分で社長に指名しておきながら、何をかいわんやである。

引退した頃にはいくらか慣れてきたため、口を出す頻度は大きく減った。そうしてようやく代表権を渡し、本当の意味で「息子に会社を任せる」状態になったのである。

しかし、事件が起きた。

長男が社長に就任して10年くらい経った頃、銀行の審査部長に言われたのだ。

「会長、会計チェックをしたほうがいいですよ。数字がおかしいです」

まさか、と思った。

私は経営者らしくなった長男を信用して任せていたし、貸借対照表と損益計算書には必ず目を通していた。これまで、とくにおかしな部分はなかった。

だが、それは、会社の実情を自分の目で把握せず、提出された決算書を鵜呑みにしていたということでもあった。

言われた通りにレザックの帳簿を調べて、驚愕した。

知らない間に、債務超過に陥っていたのだ。

長男が何を思い、何をしようとして、これほどの借金をつくってしまったのかは、ここでは詳しく語るまい。経緯や理由はどうあれ、会社に大きな損失を与えたことに変わりはなく、そのような人間に会社を任せるわけにはいかなかった。

私は、その日のうちに長男を解雇した。そして、高校生の頃から私が育ててきた常務を社長に任命した。

その後は、数年で借金を片付ける決意をした。これ以上銀行から1円も借りないように、私個人の資産を使って経営の正常化に努めた。

もともと、余計なことをしなければ、かなりの利益を出せる会社だ。現在の社長になってから収益は健全に回復し、債務超過の状態も間もなく終わる見込みである。

若くして会社を立ち上げた創業者の中には、早々に二代目に社長の座を譲って、セカンドライフを謳歌する人がいるようだ。しかし、私が「経営者」を卒業できる日は、生きている間は訪れそうにない。現在、決定権を持っている会社はアイ・ティー・エムのみだが、菱屋とレザックの決算書にも常に目を通している。

私には、不動産をはじめとする個人資産がある。それらは会社から得た役員報酬ではなく、株や先物取引などで個人的に形成したものだ。会社が危機に陥ったときはそれらを売却して補填できるよう、２０代のころから少しずつ増やしてきた。会社から完全に身を引いたとしても、私と妻は家賃収入や年金などで十分に生活できる。

ただし、その資産を守り抜くことができたのは、会社が存続してくれたおかげだ。ならば、私は一生、会社に対する責任を背負い続けるべきであろう。生きている限り「経営者としての柳本忠二」は有り続けるのだ。

同時に「父親としての柳本忠二」も、消えることはない。

今も、彼に与えた教育の何が悪かったのだろうと悩むことがある。その答えは、どれだけ考えても得られそうにない。

もし海外に留学させず、自分の近くに置いて、会社を経営するとはどういうことかを語り続けていれば、未来は違ったのかもしれない。だが、その場合は、今のような強さは育たなかっただろう。

結局、そのとき正しいと思ったことをやるしかないのだ。

長男は自身で新会社を立ち上げ、現在もどうにか経営者として踏ん張っていると聞いている。彼が経営責任を果たすことを、祈るのみである。

第６章

近畿介助犬協会

介助犬は身体が不自由な人のパートナー

天皇陛下、皇后陛下にお会いした。

普通の人生ではまず得られない、まさに奇跡の体験だった。行幸啓の後、私は「自分の人生に区切りがついた」と感じた。

和歌山から大阪に出てきて菱屋を立ち上げ、独自のCADシステムと機械を作り、業界の機械化に貢献して、雇用も生み出した。その先で、両陛下とお会いし、お言葉を賜った。もう、やるべきことをやりきった、と言えるのではないだろうか。

経営から身を引いて、いま自分がやりたいこと——国民の幸福につながる活動にシフトしても、良いのではないだろうか。

そう感じた私は、息子たちを2代目社長に任命した（その後、レザックが大きな損害を受けたことは前章で述べた通りであるが、それは何年も後の話である）。そして、仕事以外で自分にできること、やらねばならぬことを考えた。

まず思い浮かんだのは、犬であった。犬が好きで、個人的な趣味として日本警察犬協会の訓練競技会にアマチュアとして参加し、チャンピオン賞を獲ったこともある。

そのせいだろう、ごく自然に「介助犬の訓練所を作ろう」と、思ったのだ。

長い歴史の中で、番犬や猟犬など、人間の暮らしに深く関わるパートナーとして犬は活躍してきた。

一般的に馴染みがあるのは「盲導犬」だろう。目が不自由な人が安全に歩けるように、道の端を歩く、交差点や段差の手前で止まって伝える、障害物を避ける、といった仕事を行う。

「聴導犬」は、耳が不自由な人に対し、ドアのチャイム、目覚まし時計のアラーム音、ＦＡＸや携帯メールの着信音、赤ちゃんの泣き声、キッチンタイマーの音などが鳴ったときに知らせて、生活のサポートを行う。

「介助犬」は、盲導犬や聴導犬よりも広範囲の日常生活動作を手助けする。高齢者や身体障害者など、体が不自由な人の手となり足となって、家の内外でサポートするのだ。

この盲導犬、聴導犬、介助犬の総称が「身体障害者補助犬（補助犬）」であり、２００２（平成１４）年に制定された「身体障害者補助犬法（補助犬法）」には、補助犬の訓練や使用者（ハンドラー）の義務、補助犬を伴って利用できる施設などが定められている。

さて、介助犬にできることは、主に次のような事柄である。

・落としたものを拾って運んでくる　・指示したものを持ってくる
・ドアの開閉　・衣服の着脱の補助
・スイッチの操作　・寝る、座るなどの体位変換の介助
・立つ、歩く際のサポート　・緊急時における救助の要請

たとえば車椅子で外出するとき、ハンドラーは家を出る前に自分の持ち物（傘、バッグ、携帯電話、鍵など）をすべて介助犬に見せておく。すると、介助犬は匂いと視覚で、それらを記憶する。

移動中、介助犬はハンドラーの横に付き添い、離れずに歩く。その途中で、バッグから傘、携帯電話、鍵が落ちたが、本人は気づかずにそのまま進んだとしよう。

介助犬は立ち止まり、地面に落ちたそれらのうち、まずは一つを咥えてハンドラーに駆け寄り、渡す。一つを渡し終えたら、また落ちた場所に戻り、残りの落し物も一つずつ咥えて持ってくる。ハンドラーからの命令がなくとも、ハンドラーが落としたものは拾って

渡す、という訓練を受けているからだ。当然、近くに他人の物が落ちていたとしても、拾ったりしない。

近所の公園を車椅子で散歩しているときに、雨が降ってきたとする。ハンドラーはひとまず屋根のある場所に移動し、「傘、テイク」と命令する。すると、介助犬はハンドラーの家に戻り、傘を咥えて戻って来る。自分で玄関を開ける、閉めるといった訓練を受けているからこそ、できることだ。

他にも、衣服の一部を咥えて引っ張ることで着脱を手伝ったり、ベッドから起き上がるときに体を支えて補助するなど、ハンドラーが「一人ではできないこと」をサポートするため、個々に合わせた訓練を行う。

どのような訓練を受けて、何ができるかは、ハンドラーの希望に応じて変わる。そのため、介助犬の資格は「ハンドラー＋犬」の2者セットで与えられる。

また、介助犬は与えるだけの存在ではない。ともに生活をする以上、ハンドラーも介助犬に対して、食事やトイレの掃除といった世話を、可能な範囲で行う必要がある。

そうして介助犬と支え合って過ごすことで、自尊心が高まり、安心と幸福感が生まれ、日々が豊かになるのだ。

ただし、盲導犬や聴導犬と同じように、日本の介助犬の数は極端に少ない。介助犬と、ハンドラーになれる「肢体不自由1級または2級」の割合は、「1頭対4600人」という有様だ。近畿に限って言えば、大阪府に6頭、奈良県に1頭しかいない。介助犬について知れば知るほど「もっと数が増えれば、多くの人々が幸福になれる」という思いが強くなっていった。かくして、私は残りの人生を介助犬の育成と普及に捧げると決意したのだ。

近畿介助犬協会を設立

やるべきことが決まれば、あとは行動するのみである。

介助犬を増やすには、訓練士と訓練場が必要だ。

介助犬の訓練士について調べたところ、公的な資格は存在しなかった。そこで私は、国際的愛犬団体である一般社団法人ジャパンケネルクラブ（JKC）の「公認訓練士」を取得した。

その後も勉強を続け、「愛犬飼育管理士（JKC公認）」、「愛玩動物飼養管理士（日本愛玩動物協会公認）」、「動物看護師（動物看護師統一認定機構公認）」を取得した。ちなみに動物看護師を取得したとき、私はすでに71歳であり、最高齢を記録した。

次に、訓練場だ。ある程度の広さが必要だが、折好く、知り合いが持っていた奈良市の郊外、約1300坪の土地を購入することができた。家屋は古くて修繕が必要だったが、趣のある庭園があり、妻もひと目で気に入ったのだ。

半年ほど費やして家屋を修繕し、新たに2棟の建物を造った。ひとつは訓練所。ひとつは作業所だ。

作業所には、さまざまな工作機械を設置した。これまで身につけた設計の知識や、金属や木材の加工技術をあますことなく活用すれば、坂道や横断歩道、障害物や信号機などを自作して、模擬道路を製作できる。また、ハンドラーがどのような障害を持っているかによって訓練内容は変化するし、補助具が必要なケースもあるだろう。作業所があれば、それらもすべて製作できるのだ。

協会の運営費には私個人の資金をあてて、訓練はすべて無料で行う。そのため、2009（平成21）年6月に特定非営利法人を申請し、同年9月に認証を得た。

そうして、両陛下のご視察から4年後の、2009年10月1日。

奈良県奈良市小倉町で、「特定非営利活動法人（ＮＰＯ法人）近畿介助犬協会」は産声をあげた。

私は６５歳になっていたが、新たに拓いた道の先に思いを馳せれば、まさに意気天を衝く勢いで力が湧いてきたのだった。

介助犬の訓練・育成

近畿介助犬協会では、協会で訓練した犬を派遣するのではなく、すでに家庭で飼われている犬を預かり、訓練を行うことにした。

だがその前に、自分の手でお手本となる先輩介助犬を育てようと思い、ラブラドールレトリバー７頭の訓練を開始。１日２回、午前と午後に３０分間ずつ、やるべきこと、やってはいけないことを覚えこませた。

トビー、ベッキー、マックス、アリス、カンナ、テツ、アビー。

彼らは立派な介助犬となり、訓練所にやって来た犬とハンドラーの目の前で、いつも立派なお手本を示してくれた。

近畿介助犬協会の入り口（上）　人工芝を敷いた訓練所（下）

立派な働きを見せてくれた先輩介助犬たち

訓練士はハンドラーが日常生活で困っていること、介助犬に助けてもらいたいことを聞き取り、ハンドラーがどう命令し、介助犬がどのような動きをすればそれが実現できるのかを考え、双方に訓練を施す。

また、ハンドラーには介助犬との接し方――褒め方や叱り方なども身につけてもらう。たとえば、犬が命令どおりに行動できなくとも、決して感情に任せて怒ってはいけない。叱るときはしっかりと目を見て、「それはダメだ」と心をこめて言う。そして、叱った後は必ずボディタッチで愛情を示す、等々。

訓練所に来たばかりの頃は、犬もハンドラーもぎこちない。訓練士と先輩介助犬の見事なお手本を見て、

「どうしてこの子は、私の指示をきいてくれないんだろう」

と、悩んでしまうハンドラーもいた。

訓練の成否は、犬の個性も影響するが、ハンドラーとの関係性が大きい。関係が深まれば、耳で聞く命令だけではなく、ハンドラーの雰囲気で自分が何をするべきかを直感で察するようになる。

そこまで到達するには、日々の訓練を積み重ねるしかない。途中で諦めてしまわないよう、私もスタッフも全力でサポートした。

「最初はうまくいかなくて当然ですよ。その子を信じて、根気よく訓練を続けましょう」

そうして、互いの心が通い、支え合うコンビが生まれた時は、言葉にならない達成感と喜びがあった。

「以前は、外出が苦手でした。車椅子では、落とした物を自分で拾えないし、忘れ物をした時にすぐに取りに行けないし……。でも、この子がしっかりサポートしてくれるおかげで、楽しくなりました。周りの人たちもかしこいねって褒めてくれるので、鼻が高いです」

「介助犬の訓練を受け始めてから、この子との距離がぐっと近くなりました。生活のいろんな面を助けてもらっていますし、一緒にいるだけで安心できるんです。おかげで家族との関係も良くなりました。毎晩、今日も一日お疲れ様でしたと感謝しながら、ブラッシングをしています」

介助犬はハンドラーに安心を与え、ハンドラーはそのお礼に介助犬を大切にする。その関係から生まれる幸福は周囲の人々にも波及し、幸せの輪が広がっていく。

「介助犬の育成を選んで、正解だった」

訓練所を笑顔で卒業していく「一人と一頭」を見送るたび、私はそう実感していた。

訓練士の育成と介助犬の普及啓発活動

近畿介助犬協会では、介助犬訓練士の育成も目標に掲げた。

希望者への訓練体験はもちろん、専門学校からの実習生やインターンシップも受け入れていた。２カ月から半年間という長期実習に対応できるよう敷地内に宿舎を作ったため、県外からも多くの実習生がやってきた。

正確な人数は確認していないが、当協会で訓練や実習を受けた人数は、おそらく数百人にのぼるだろう。協会で雇用した２名の職員も、ＪＫＣ公認訓練士のほか複数の資格を取得した。

介助犬訓練所のスタッフの仕事は、楽ではない。

ふんの処理をはじめとする犬舎の掃除、犬の歯や耳の手入れ、訓練記録をつける、ドッグフードなど食料・必需品の管理など、体力と精神力、そして覚悟と根性がなければ続かない。実際、採用してから数カ月で辞めてしまうスタッフも少なくなかった。

だが、それは仕方のないことだ。犬の生命とハンドラーの人生に関わる仕事であることを正しく自覚し、真剣に取り組む人間でなければ任せることはできない。

課題は多かったが、やりがいも大きかった。

先述したように、訓練を受けて人間と心を通わせることができるようになった介助犬は、そばにいるだけで人を癒す力を持つ。

同居していた義母が認知症を発症したとき、自分がどこにいるのか理解できず、不安そうに徘徊することがあった。だが、部屋に介助犬がいるときは穏やかに過ごしていた。何かを命令したり、手伝ってもらったりせずとも、犬の体に触れて、撫でたりするだけで、不安が和らぎ落ち着くことができたのだ。

日本の高齢化に対する社会の懸念は、すでに広がっていた。一人暮らしの高齢者や老夫婦世帯が安心して暮らせる社会のありかたや、認知症の親を介護する家族の負担をどう軽減すべきか、議論は尽きなかった。

犬とハンドラーが「介助犬」の資格を得るためには、当協会での訓練だけではなく、国が認可した施設にペアで赴き、試験を受けて合格しなければならない。そうしてようやく、公共施設への入場や公共交通機関の利用、病院などへの同伴が許可される。

一方で「そこまでは必要ない、普段の生活を助けてくれるだけ十分だ」というニーズも多かったため、当協会では介助犬の認定を目指すばかりでなく、家庭内での補助を可能とする「室内介助犬」の育成にも励んだ。

介助犬を必要としたのは、高齢者や身体障害者ばかりではない。

近畿介助犬協会を設立して数年後、講演会や新聞社の取材などを受ける回数が増えていったためだろう。幼稚園や保育園、小学校や中学校、高校の福祉科、福祉団体や地域の環境イベント等、あちこちから出張依頼が入るようになった。私はトビーやベッキー、マックスやアリスを連れて介助犬に関する授業や講義を行い、その仕事ぶりを実際に見せて、大いに触れ合ってもらった。

そのうち、桜井警察署が主催する交通安全教室に呼ばれるようになった。介助犬は交通ルールを守る訓練を受けているためだ。

犬が横断歩道の前で立ち止まり、左右の確認をしてから進む。その姿に、子どもたちは大いに感動する。

「わんちゃん、えらい!」

「わんちゃんも、ちゃんとルールを守ってるんだね」

するると、人間の大人が指導するよりも自然に「自分も交通ルールを守らなければ」と考えるようになるのだ。

子どもたちの交通安全意識を高め、交通事故から守る。

その功績が認められ、２０１８（平成３０）年１月２９日、ベッキーとマックスは奈良県警桜井警察署から「交通安全指導犬」の委嘱を受けた。交通安全指導で犬が委嘱を受けるのは日本初の快挙だ。私も、とても鼻が高かった。

その後はさらにテレビや新聞社からの取材が増え、ＮＨＫ奈良の「まちかどＬＩＶＥ」という番組では、訓練所の生中継放送が行われた。学校からの体験教室の依頼や、地域イベントへの出演依頼に加えて、見学希望者や専門学校からのインターンシップの受け入れもますます増加し、

「奈良近隣では、介助犬の認知度をかなり上げることができたな！」

という実感があった。国の認定を受けた正式な「介助犬」を増やすことは容易ではなかったが、室内介助犬の数は確実に増えていった。

さらに組織を大きくし、奈良から日本全国へ、介助犬の普及を進めていこう――

しかし、誰もが予想していなかった事態が訪れた。

２０１９年の、新型コロナウイルス感染症の世界的感染拡大である。

他者との接触を避ける、密な距離での会話を控えるなど、人々の行動が厳しく制限された。訓練所は屋外であったため、来所に制限は設けなかったが、訓練希望者は減った。実習生の受け入れや体験教室などのイベントも中止となった。

２０２３年には徐々に活動を再開していったが……２０２２年に、私は非営利活動法人（ＮＰＯ法人）を解散。室内介助犬の訓練を主とする団体へと移行した。

介助犬の数を増やし、社会と人々の幸福に貢献する。

残りの人生をすべて捧げると誓った熱は、約１５年間の活動と、およそ3年間の自粛期間を経て、冷めてしまったのだ。

活動を休止、介助犬が増えない理由

２０２２（令和4）年3月３１日、私はＮＰＯ法人を解散した。

研修生の受け入れ

テレビで紹介された訓練の様子

地域イベントでのふれあいや、
交通安全教室でも活躍した

全国初！「交通安全指導犬」委嘱

桜井警察署から

NPO法人近畿介助犬協会（☎0743・84・0394）の介助犬ベッキーとマックスが、奈良県警桜井警察署から「交通安全指導犬」の委嘱を受け、このほど委嘱式が行われた。

交通安全指導で犬が委嘱を受けるのは、日本国内では初めてとみられる。2018年1月29日に奈良県警桜井警察署にて実施、協会理事長の柳本忠二さん（レザック会長）が２頭を連れて交通安全指導犬委嘱式に臨んだ。

桜井警察署では、子供たちに交通安全への意識を高めてもらおうと、近畿介助犬協会の協力を得て、介助犬による交通安全教室を開いている。保護者からも好評で、引き続き活動を続けるため正式に委嘱された。

奈良市にある近畿介助犬協会は、室内介助犬や家庭犬の訓練を行うNPO法人。介助犬は、飼主と共に訓練を受けてもらい、寝たきりのお年寄りや障がいのある方の手助けをするなどの活動をしている。

その一環で、子供たちの交通安全教室でも活躍、子供たちを交通事故から守るお手伝いをしている。

これは
近畿介助犬協会の
ベッキー と マックス

私が協会を設立したのは、介助犬の数を増やすためだった。身体が不自由な人がパートナーを得て、豊かな日常を送る。その手伝いをしたかったのだ。

だがこの国には、大きく、根深い難題があった。

最初に気づいたのは、国の予算だ。身体障害者補助犬には、毎年1億円の予算がついている。そして、介助犬を1頭育てて国から100万円および県から50万円の補助金を受け取ることができれば、ようやく認定試験を申し込むことができる。

これは、介助犬の訓練におよそ1年かかること、その1年間で使う餌代や訓練士の費用、医療費などの必要経費が150万円ほどであることから、妥当と言える。

日本には現在、約1000頭の補助犬がいる（ほとんどが盲導犬で、聴導犬や介助犬はごくわずかだ）。補助犬は法律で、10歳で引退しなければならない。つまり、普通に考えれば全体の1割、100頭の補助犬が毎年引退する計算となる。

引退によって生じる100頭分の穴は、早々に補充しなければならない。では、100頭の補助犬を育てるために、国が用意すべき費用はどれくらいか？

100万円×100頭＝1億円、である。

身体障害者補助犬の予算は、引退した穴を埋めるだけでなくなってしまうのだ。

次に「介助犬」の認定試験だ。

介助犬の訓練施設は日本全国で24カ所。近畿地方には8カ所しかない。

さらに、国が認定した「介助犬認定試験」を実施している施設は、国内に5カ所のみだ。奈良県から最も近い施設でも、神奈川県という遠方になる。

既に述べたように、短くない時間をかけて介助犬の仕事ができるようになっても、国が認可した施設にペアで赴き、試験を受けて合格しなければ、正式に「介助犬」とはみなされない。だが、ハンドラーは肢体不自由1級または2級であり、長距離の移動は容易ではない。

その上、試験資格を得るには補助金を申請して、受け取らなければいけない。この申請が通るまでは、試験を受けることすらできない。手続きが非常に煩雑で、時間がかかるのだ。

せめて、介助犬認定試験を実施する施設をもっと増やせないか。そう思い調べてみたところ、認可を得るには医師や獣医師、作業療法士、理学療法士、社会福祉士など、複数の専門家を「認定試験官」として常雇いすることが必須であった。それだけの人材を確保し続けるには、かなりの資金力が求められる。

「介助犬を1頭増やす」ために越えるべきハードルがあまりに高すぎるのだ。

最後に「認定非営利活動法人（認定NPO法人）」。

特定非営利活動法人（NPO法人）は、全国の企業や個人から寄付金を受け取ることができる。しかし、税制上の優遇措置が受けられるのは、同一自治体の寄付者のみだ。

一方で、認定非営利活動法人（認定NPO法人）への寄付であれば、全国の個人または企業が優遇措置の対象となる。そのため、より寄付金を集めやすくなる。

先にも述べた通り、介助犬の訓練には時間と費用がかかる。とくに予防接種などの医療費が大きいため、私は敷地内に動物病院を併設し、獣医を雇って、介助犬たちの医療処置は協会内で行うようにした。70代になってまで猛勉強をして動物看護師の資格をとったのも、獣医の指示があれば私自身で注射できるようにするためだ。

だが、それでも足りない。介助犬の育成を推し進めるなら、運営資金の確保は必須だった。

ところが、ここにも壁があった。申請がなかなか通らないのだ。

認定NPO法人の申請には、直前の事業年度2年分の寄付者名簿や、運営組織および事業活動が適正であったことを示す諸々の書類を提出し、所轄庁からの実態確認を受けなければならない。

最初の否認理由は、訓練所の帳簿の保管場所だった。

「帳簿を公開していますか？　閲覧できるところに置いてますか？」

事務所の棚の中ではなく、すぐに閲覧できる場所に置いておく必要があったのだが、私はその条件を知らなかった。場所を変更し、その後「直前の事業年度２年分」そこに帳簿を置き続けたという実績をつくるため、次の申請は３年後となった。

再び申請したときは、スタッフの中に私の影響力が強い人物（私の会社の社員の妻）がいるという理由で否認。その人物と私の関係については誤解があり、誤解を解こうとしたのだが、聞き入れてもらえなかった。

さらに３年後、今度は書類の捺印場所が違うという理由で否認された。その上、保健所からは「法律が変わりました。ケージのサイズが規定より小さいので、大きくしてください」と言われた。

ケージのサイズは犬の数と施設の大きさ、そして当時の基準を満たすために計算して設計した。急に言われても、容易に変更できるものではない。

「広くできないと言ったら、どうなるんですか」

私が尋ねると、保健所の職員は「困ります」と、うろたえた。そして「県から通知が来ますよ」と。保健所はＮＰＯ法人の資格を取り上げることはできない。その権限は奈良県が持っているからだ。

３回申請し、９年間も努力した。それでもダメだった。

そこで、私の我慢は限界を迎えた。

人を支え、日常を豊かにしてくれる介助犬を増やしたい。両陛下が望まれた国民の幸福に、自分なりの方法で寄与したい。

その気持ちだけで、１５年間やってきた。

予算や制度の問題で介助犬を増やすことが難しくとも、せめて人の生活に寄り添い、サポートする室内介助犬を増やしたかった。認定ＮＰＯ法人を取得し、より幅広く寄付を集めて、活動を拡大させていきたかった。

それなのに、国や自治体が、法律や制度が立ちはだかる。

「もうやめや、認定はいらん！　ＮＰＯ法人も解散する！」

解散後も、近畿介助犬協会では室内介助犬の訓練や、地域での「介助犬教室」などの普及啓発活動を続けた。だが、それらへのモチベーションも次第に維持できなくなっていった。

　２０２１（令和３）年に開催された東京オリンピックでは、海外の介助犬も来日した。

日本は障害者権利条約批准国であるため、海外の補助犬を受け入れなければならない。

　しかし、海外の介助犬は、日本の身体障害者補助犬法に合致しない。

　日本の「介助犬」は肢体不自由１級または２級のハンドラーと犬がセットだが、海外では違う。たとえばアメリカでは、介助犬は犬に対して与えられる資格であり、ハンドラーの障害等級は関係ない。ハンドラー自身が訓練を行い、１００ドル程度のお金を払って申請すれば認定員が出張して犬の能力を確認し、基準を満たしていれば介助犬と認定される。

　国が補助犬と認めた犬であれば、国際条約によって日本への入国は可能だ。空港にも港にも入ることはできる。

　そこから先が問題だった。バスや電車に乗車できず、国の施設にも入れない。

　当然「日本は一体どうなっているんだ」と非難された。

　そこで、海外の介助犬に対するパスポートが発行された。民間のレストランなどは入れないが、公共施設であれば「断りにくい」状態にして、お茶を濁したのだ。

先進国として、あまりに恥ずべき態度だ。そうした情報を目にするたび、どんどん気力が削がれていった。

現在、近畿介助犬協会には介助犬も訓練士もいない。設備はそのまま残っているため、訓練の依頼があれば対応可能だが、それもいずれ終わるだろう。この状況では、誰かに託すこともできない。

人が作ったものは、いずれなくなる。この活動も遅かれ早かれ終わるべきものだったのだと、諦めることにした。

私の人生はまだ続いている。両陛下への恩返しとして、人々のために自分にできることは何か。早く見つけたいものである。

第7章

私の人生論

目先の利益を追いかけて

私には、二つの性格がある。思えば、私の最大の敵は「カッとなり、手がつけられなくなる自分」だったのかもしれない。せっせと築き上げてきた城を、一時の感情に任せて自ら焼き討ちするようなことが幾度となくあった。よくぞ今日まで会社を潰さずに来られたものだと、むしろ感心するほどである。

一方の「まともな自分」は、人の粗を見つけるのがうまく、欠点を直すことにも長けている。相談をもちかけられると、感心されるほど的確な答えを提示するため「あなたは教祖になれる」と言われたことも、何度もある。

だが、自分のことになった途端、それができなくなってしまうのだ。

救いだったのは、熱しやすく冷めやすい気質だったことである。瞬間的に沸騰した怒りは程なくすうっと冷めて、数時間も経てば怒ったこと自体を忘れてしまっていた。もし、執念深さまで併せ持っていれば、正気を保つのは難しかっただろう。

ただし、私自身は都合よく忘れても、怒りをぶつけられた側はそうではないだろう。従業員や家族など、私の力が及ぶ範囲にいる人たちが、私の横暴な仕打ちにどれほど耐え忍んで来たのか、想像もつかない。

厄介なのは、それを妻から指摘されると、火に油を注いだようになってしまうことだ。介助犬訓練所を始めたばかりの頃は、きつく叱責されたことを理由に辞めるスタッフもいた。責任が自分にあるとわかっていても、妻から「若い子に怒りすぎたらあかん」と指摘されれば、もう手がつけられない。たちまち弱さを自他に許さなかった若い頃の自分に逆戻りして、

「わしは人に何を言われても生きてきた人間や。それくらいできなくてどうすんねん！」

と、一喝してしまうのである。

それは相手が誰であっても変わりはなかった。顧客から理不尽な要求を突きつけられて腹が立ったときには、抜型を持ち帰って潰したこともある。無論、代金はもらっていない。「利幅の大きい見積価格で承諾を得たのに、勿体無いことをした」と悔やんだのは、一度や二度ではない。

とにかく、私は常にオール・オア・ナッシング。

気に入らない相手と上手くやるつもりもなければ、強く出て交渉事を優位に進めようという打算もない。ただ純粋な怒りの感情で、すべてをご破算にしてきたのである。

８０歳を目前にした今でも、時折そのような性格が顔をのぞかせることがある。そんな自分と付き合うのは、もう懲り懲りである。

とくに息子たちには「死んでしまえ！」などと、数えきれないほど厳しい言葉をぶつけてきた。それが彼らの心に消えない傷を刻んでいないか、今更ながら、ふと不安になることがある。

己の感情に翻弄されることも含めて、目先にとらわれてしまうのが私の弱点だった。中長期経営計画のように、５年後、１０年後を見通したプランなど、立てたためしがない。目先の利益をひたすら追い続けてきた結果として、会社が大きくなったに過ぎない。

たらればの話だが、冷静に先を見据えた上で私に助言を与えてくれるような優秀な参謀がいれば、もっと会社を大きくできただろう。あるいは、自分の中に潜む敵を制圧できるだけの器量があれば、もっと多くの人材を育てられただろう。

人との出会いや縁、時代の流れと社会の要請など、さまざまな追い風に恵まれたとはいえ、日本でトップの抜型屋になれるだけの運を持ち合わせていたはずなのだ。己の人生を振り返り、もう少し自分の感情をコントロールできていたら……と、残念に思う。

恩返し

八百屋で働いていた１０代の頃、バス停で座り込んでいた私に声をかけてくれたＫさんから、お小遣いとして１００円をもらったことがある。新聞配達のアルバイトを毎日行い、１カ月分の給料が３００円だった時代だ。

１００円は私にとって大金だったし、何よりＫさんの心遣いに感激した私は、

「将来、１００倍にして返す」

と、心に誓ったのである。

私がＫさんからもらったのは、このときの１００円だけではない。初めて大阪に来た時に声をかけてくれたことはもちろん、１０代のころは「お前は将来、絶対に偉くなる」「必ずお前は出世する」と、何度も言ってくれた。私はその言葉が嬉しくて、心の奥深くに大事にしまっていた。辛いときも、心の奥で響くＫさんの言葉に支えられて来たのだ。

数十年後、紙器会社で職長を勤めていたＫさんが、苦境に陥ったことがあった。私がすでに会社を立ち上げ、社長となっていたからだろう。Ｋさんは私を頼ってくれた。

「忠さん、ちょっと頼みたいことがあるんやけど……」

私は「今こそ恩を返す時だ」と意気込み、頼まれたことはすべて引き受けた。すると、さすがに気が引けたのか、あるときを境に私を頼らなくなってしまい、そのまま姿を消してしまった。

まだ、恩を返しきれていない。そう思っていた私は、Kさんの知人に消息を尋ねてまわった。トムソン加工の職人だったKさんは、紙器業界の機械化に伴い、どんどん仕事が減っていた。とても放っておけなかった。

何年かかかり、ようやく探し出したときは、ひどいことになっていた。半身不随に近い状態だった。港湾で船の荷物を積み込む沖仲士《おきなかせ》をしていたが、ある日、落下してきた荷物の下敷きになってしまったのだという。

「なんでこの人が、そんなひどい目に遭わなきゃいけないんだ」と、私は憤慨した。

職人として腕を振るう場がなくなり、肉体労働もできない。稼ぐ手段を失ってしまったと項垂れるKさんに、私ができることは一つだけだった。

再びもたらされた恩返しの機会を逃してなるものかと、その手を握った。

「菱屋に来てください」

返事は、すぐにはもらえなかった。迷う気持ちはよくわかった。二人の関係は、いつも対等だったからだ。

数日後、Kさんは菱屋の正社員となった。他の社員と同程度の月給を支払い、社会保険などの厚生福利も整えて生活を保障した。

Kさんが病気でこの世を去るまで、私は思う存分恩返しをすることができたのだ。

弔問に行ったとき、Kさんの自宅には、見覚えのある老婦人がいた。八百屋で働いていたころに何度か会ったことがある、Kさんの母親だった。

ひととおり思い出話に花を咲かせた後、私は手向けとして仏壇に、Kさん名義の通帳を供えた。給料を受け取ってもらえなかったため、通帳を作ってずっと貯めていたのだ。

手を合わせて祈っている間、Kさんの母親から、次の言葉をいただいた。

「私が死んであの世に行ったら、仏になって、忠さんがいつまでも幸せに過ごせるように見守るよ。私には、それくらいしかできないから」

根が単純なのか、以来、私は彼女に守られているという実感を持って生きてきた。

思い返せば、どうしてかおじいちゃん、おばあちゃんと縁が深い人生であった。「お前と一緒に生きたい」と言われたことはたくさんあるのだが、不思議なことに、その大半が年長者なのだ。

八百屋の2軒隣に、老夫婦が営む洋食屋があった。かつてミナミのキャバレーでナンバーワンを張っていた女性に惚れ込んでしまい、老舗の日本料理店の若旦那という地位も妻子も捨てて彼女と一緒になる道を選んだ男性。二人はそのまま結婚し、料理の腕を頼りに小さなレストランを営むことで生活を維持していた。

両親と生き別れて働きながら暮らす私に、自分たちの境遇と重なるものを感じていたのだろうか。私のことを大切にしてくれた。八百屋の主人を銭湯に連れて行った夜中、とうに店じまいを終えたにもかかわらず、くたくたになった私のために

「疲れたやろ、これはおごりや」

と、カレーライスやビフカツをごちそうしてくれた。

あの店は、自由がない日々を過ごす私にとって、心のオアシスであり、第二の実家だった。出奔した時に持ち出した教科書や筆記用具などは全部、老夫婦に預けていた。「店を継がないか」「養子にならないか」と言われたこともある。その申し出は断ったが、二人のことが大好きだった。

老夫婦との付き合いは、八百屋を辞めた後も途切れることはなかった。高齢を理由に店を閉めて生活保護を受給するようになってからは、二人の好物である寿司を片手に、月に

一度くらいのペースで訪ねていた。よほどありがたかったのか、毎回３０分ほど、両手を合わせて拝み倒された。また、私がテレビ出演すると、とても喜んで周囲に自慢してくれていたらしい。

人から拝まれたことは、何度かある。子どもから放ったらかしにされている近所のおばあちゃんが、洗濯物を干すのに難儀している様子を見かけて、物干しの上げ下げを手伝ったとき。リヤカーを引いて坂道を登ろうとしているおばあちゃんを手伝ったときなど……。妻の母親からも、折々に「あんたは神様や」と手を合わされたものだ。

一度や二度ならずそのような経験をし、守ってくれる人が何人もいる心強さがあったからこそ、苦境に立たされたときも泰然としていられたのかもしれない。

世の中との相性

６０年近い経営者人生において、私は会社を倒産させたり、畳んだりする人たちを山ほど見てきた。独立した直後、しばらく付き合っていた仕入先や取引先は、オイルショックやバブル崩壊の痛手から立ち直れず、ほぼ全滅した。

一方、幸いにして倒産という憂き目を見ることがなかった私は、彼らと何が違ったのだろうか。

高い粗利益を確保し続けたこと。遊びに一線を設けていたこと。新しい市場を開拓し続けたこと。「三ない主義」を徹底していたこと……。どれかひとつに解を絞り込めるようなものではないが、最も大きな要素は、世の中との相性だろう。時代の良い風を味方につけられるかどうか、広い意味では「運」と呼ぶのかもしれない。

解釈の仕方はどうあれ、それを決めるのは、自分とはまったく利害関係のない人間に対する振る舞い——言い換えれば、何気ない瞬間に露呈する態度や行動といった、真の人間性だ。道端で困っている人を見かけたときに、自然に手を差し伸べられるかどうか、なのである。

世の中との相性を良くするために、片時たりとも忘れてはならない大原則として肝に銘じてきたことが、2つある。それは、息子たちが海外留学に発つ前に言い聞かせたことでもある。

第一に、割り勘ルールを破らないこと。

割り勘ルールとは「自分のほうが良いものを食べた場合、自分が食べたぶんは自分で払う。相手のほうがいいものを食べた場合、合計金額の半分を払う」だ。これは、私が独自に定めた。

おそらくは現地でも、私の言いつけを心に留めていたのだろう。サウジアラビアの経済産業大臣の息子を学友に持つ長男は、大学の卒業を間近に控えた頃、「振り返れば、いつもお前に損をさせていたな」と言われたという。

人は誰かと付き合うようになれば、その付き合いを振り返る時が必ず訪れるものだ。そこで「この人は、絶えず自分に損をさせない人間だった」と相手が気づいたとき、こちらの人間性そのものに信頼を置くようになる。

逆に、自分が得をするように動いた場合は、当然のことながら相手もそれに気づき、悪い印象を与えてしまう。かといって一度や二度、相手の気を引くために小細工をしても意味はない。常にその状態であり続けるということは、自分の生き方として細胞にまで刻み込まれているような状態だ。

金や労力、知恵など、さまざまなものをひっくるめて「あいつと付き合ったら得をする」と思われて初めて、信用に足る人間になれるのだ。そして、それが積もり積もって世の中との相性を良くしていく。

ただし、商売上の損得は別の話だ。安く作ったものを高く売ることは、商売に携わる者として当然である。

私にとっての友達とは「損をさせられるかもしれないという心配を、一切しなくて良い相手」を指す。こいつのためならいくらでも金を使える、と思える相手でもある。私が独立する際、無条件で通帳ごと手渡してくれた職人仲間には、いくら返しても返しきれないほどの恩を感じている。


第二に、困っている人を見かけたら、助けること。

これは、小学生の国語の教科書に載っていた、日本人紳士のエピソードを語って聞かせている。たしか『ロンドンの街角で』というタイトルであったと思う。

馬車が主な交通手段だった時代、ロンドンの街角で立ち往生している荷馬車があった。馬車を引く馬がぬかるみに足をとられて、一歩も動けなくなっていたのだ。御者は馬に鞭を打ち続けるが、いっこうに状況は変わらない。

そこに偶然通りかかったのが、日本から留学していた名もなき紳士である。彼は「待て」

と御者を制すると、自分が着ていたフロックコートを馬の足元に敷き、「ドーウッ！」と威勢のよい掛け声で喝を入れて、馬を立たせたのだ。

コートが泥にまみれるのも厭わず、見ず知らずの人間の困りごとに対処し、風のように去って行った――。我が身の損得を一顧だにしないその紳士の粛然たる振る舞いは、人々に感動を与え、伝説として後世にまで語り継がれるようになったのである。

私にも、不思議と忘れられない経験がある。独立してから数年が経った頃、無免許でミゼット（三輪スクーター）に乗って配達していたときのことだ。

先ほど少し触れたが、リヤカーを引いた高齢の女性が、坂を登るのに悪戦苦闘していた。それを見かけた私はミゼットを道路脇に停めて、リヤカーを後ろから押してあげた。頂上に到着したとき、初めて私の存在に気づいた女性は、まるで神様に拝むように両手を合わせて感謝してくれた。

「あなたみたいな人は、最近おらんねぇ〜。ほんまに、おおきにねぇ」

私は感謝されたくてリヤカーを押したわけではなく、困っている姿を見て自然と体が動いただけだったが、だからこそ彼女の心に響いたのだろう。

人は、打算で動いたり、上手くいかないことの言い訳をしたりすると、世の中からどんどん嫌われていく。さりとて「一日一善」「せっせと徳を積みなさい」というような大層な話でもない。

ごく自然に、当たり前のこととして、淡々とこなす。

そういった日常が、世の中との相性を少しずつ、良い方へと傾けていくのだ。

天秤は0・1gや、0・01gといったわずかな差であっても、必ず重い方に傾く。大きな善行を一つ積めば良い、というわけではない。日常における些細な行動、その積み重ねによるわずかな差が、世の中との相性を決定づけるのだと考えている。

光と闇を行き来して

人生は、いつか終わりが来る。それなら、勉強しながら死ぬよりも、今死んでしまったほうがいい。親に育ててもらっているだけで、自らの力で何かを成したことがない自分には、世の中に生きた証拠を残すことなどできないのだから——。

自殺願望と呼べるような考えが初めて私の心に巣食ったのは、10歳のときだったと思う。涙をぼろぼろ流しながら、学校の先生に聞いた。

「いつか死ぬのに、なんで生きてるんですか?」

おそらく、さまざまな体験を経て自分なりの死生観を構築する前に、本を読みすぎたせいだろう。「死ぬ」ことに恐怖を感じ、その恐怖はずっと、私の人生にぴったりと張り付いて離れることはなかった。

13歳で出奔して大阪に出たことも、そのような死生観が起因していたのだろう。ボーイズ・ビー・アンビシャス。大志を抱き、明るい未来を思い描いていた前向きな自分の真裏には、「どうせ意味のない人生なんだから、どこで死んでも一緒や」と、捨て鉢になる自分もいたのである。

八百屋の主人に叩かれようが、何をされようが、「どうせ、あっという間に終わる人生なんだから」と諦観めいた思いを抱けば、気持ちを鎮めることができた。

独立して商売に成功した私が、宵越しの金は持たないとばかりに湯水のように金を使っていたのも、いつ襲われるともしれない自殺願望から距離をとりたかったからなのかもしれない。

機械やCADシステムの開発に没頭していた頃も、心身ともに忙しかったが、精神の奥底では落ち着いていた。生きることの無意味さについて考える余裕がなかったからだ。会社の命運だけでなく、自分自身の生き死にに関わっていたからこそ、必死になれた。必死になれたから、成功したのだ。

だから、私が最も恐れていたのは「暇」だった。芥川龍之介が自殺をした理由も、理解できるような気がする。

寝床について、一度、死について考え出したが最後、意識は深みにはまっていくばかり。凝り性の気質が悪いほうへと転じ、睡眠薬を大量に服用するか、車で高速道路に突っ込むかなど、死ぬための具体的な方法に考えが及んでしまうのだ。もし気が弱ければ、深い闇の底へと引きずり込まれるような、転がり落ちていくような感覚に抗えず、とうに命を絶っていただろう。実際に自殺しかけたことも、2回ある。

酒に強かった私は、仕事が終わった後は毎日のように飲みに行った。寝床につくときは、いつもベロベロだった。考える暇を作らないために飲む酒は、睡眠導入剤の代わりだったのだ。

今も時折、その状態に陥ることがある。

「どうせいつか、全部なくなる。それなのに、なぜ必死になっているんだろう?」

「難儀して苦労を乗り越えて、それで生き続けられるならともかく、最後には死んでしまうことに変わりない。いつか死ぬなら、いま死んでも同じじゃないか？」

死ぬために生き続けて、苦労する。それはどう考えても理屈に合わない。一体、なぜ生きなければいけないのか……。

ずっと、その答えを求めてきた。だが、未だに納得できる答えは見つからない。

寝床で考えることに倦んだときは、夜中に起き出して、気を紛らわせるためにギターを弾いている。そうすると、死の概念との格闘の記憶はひとまず意識の隅へと追いやられて、安らかな眠りに誘われるのだ。

だが、この数年は、少しばかり落ち着いてきたように思う。ともに生活した犬たちを、5代にわたって見送ったせいもあるだろう。

可愛がって、訓練して、立派に生きた犬が死んでいく。

それは悲しいことだったが、生命である以上、仕方のないことでもあった。諦めの境地に入りながらも、わずかに抗いたい衝動から「自分が覚えておかなければ」と思い、生きているうちに写真を撮ったり、亡くなった後は墓を綺麗に保つよう心がけたりした。

生きている者の中に、思い出がある。それこそが「生きていた証拠」と言えるのではないか。

1990年に出版した『実践・新時代のCADシステム』のあとがきと、2007年2月の『経済人』という雑誌に寄稿した原稿に、次のような言葉を記した。

地より出でしもの地へ　天より出でしもの天へ
行くべきに行き、帰るべきに帰る
死は人生の終わり、されど魂の終わりにあらず
去りにし人を思う時、心霊生きて近づく

合掌

なぜこのような言葉を綴ったのか、その経緯は覚えていない。

完全に100%オリジナルの詩というわけではない。あちこちに出かけていたこともあり、石碑などに書かれた印象深い言葉を覚えていて、それを土台に自分の言葉に作り変えたものだろう。

逆説的だが、何の意味もない人生だからこそ、我々は意味を見出そうとするのかもしれない。苦しみや辛さを生きる意味として受け止めることができるのは、その葛藤があるた

めではないだろうか。

艱難辛苦を伴う境遇が与えられ、手段など選んでいられなかった子ども時代は、知恵を働かせて明日を迎えることが、生きることそのものだった。

人生とは、生きる意味を見出すための闘いの連続なのだ。

あとがき

なぜ、菱屋が両陛下のご視察先に選ばれたのか。今もわからない。伝え聞いた話では、経済産業省から宮内庁に20社ほど推薦し、その中から選ばれたのだという。錚々たる社名が並ぶ中、菱屋は最も小さな会社だった。

心当たりがあるとすれば……自分が執筆した専門書『CADシステムの新構築』のあとがきに、「昭和33年に和歌山より上阪、昭和34年皇太子ご成婚の実況放送が流れる白黒テレビに釘付けとなり、胸を躍らせていたのが、昨日のことのように思える。同じ年、縁あってトムソン業界に就職し……」と書いたことだ。お二人がご成婚されたときに勤勉に働いていた子どもが、会社を興して先端技術の開発に取り組んでいる……と、興味を引いたのかもしれない。

もう一つ思い当たることがある。私の苗字である。

崇神天皇陵のある奈良県天理市に、「柳本」という地名がある。縄文時代から人が集落を形成し、大和王権を育てた土地だ。奈良時代に興福寺に招かれたインドの僧侶が、小川のほとりに一本の大きな柳の木がある光景に感動して「楊本」と命名されたと伝わっている（「柳本」と書くようになったのは江戸時代から）。そのため、柳本の家系はひょっとしたら、大昔に皇室と何らかの関係があったのでは……などというありえない妄想もした。

この問いの答えは、永遠に得られないだろう。だからこそ、いつまでも考えを巡らせることができる。さらに年齢を重ねて、いつか体が十分に動かなくなっても、私はこの思考ゲームを楽しむのだろう。

上皇陛下、上皇后陛下が今日も健やかにお過ごしであることを、願わずにはいられない。


本文ではあまり触れる機会がなかったが、妻への感謝を述べておきたい。

結婚したばかりのころ、私は「手形を切らない」という主義を貫きながらも、銀行からお金を借りる方法をまだよく理解していなかった。そのため、幾度となく資金繰りが困難になり、「もうダメかもしれない」という不安に襲われた。

「会社が潰れるかもしれない。覚悟しておいてほしい」

私がそう伝えると、妻は少し微笑んで
「大丈夫、なんてことないよ」

と、眉ひとつ動かさず、本当になんでもないように答えてくれた。

その一言に心が軽くなり、安心して眠りにつき、翌朝会社に行くと大きな注文が入っていた――そのようなことが、何度もあった。

「妻には、もしかして商売繁盛の神様が付いているのではないか」

などと考えたこともあった。だが、悲しいかな、私はすぐに仕事に集中し、その感覚を忘れてしまうのだ。

がむしゃらに仕事をしていた20～30代の頃は、ふと時計を見れば夜中の3時になっていた、ということもあった。急に空腹を自覚した私は自宅に電話をして

「握り飯を持ってきてくれ」

などと頼んだこともある。妻は文句も言わずにおにぎりを作り、深夜に自転車を漕いで、工場まで届けてくれた。当時は「すまんな」の一言で済ませてしまった気がするが、改めて、感謝を伝えたい。

富佐子、本当にありがとう。

家のことをほったらかしにして、寂しい思いをさせてしまったためだろうか。妻は実に多趣味である。

詩吟は7段。華道と茶道は師範免状を取得している。書道の腕もかなりのものだし、絵手紙や水彩画の作品も多い。

本書は私の「人生の卒業記念」だが、私の人生に妻の存在は欠かせない。そのため、各章の扉絵は妻の作品で飾ることにした。楽しんでいただけたら幸いである。

最後に——本書の出版にあたりご苦労をかけたライティング株式会社と、担当の酒井さんに、お礼を伝えたい。

そして、長き人生において、私は多くの方々にさまざまなご迷惑をおかけしてきた。衷心よりお詫び申し上げる。それでもなお応援し、ご支援くださった大勢の方々には、どのような言葉で感謝を伝えれば良いのかわからないほどである。

生まれてから今日まで、私と出会い、長い時間あるいはひと時でも共に歩んでくださった人々が、ひとつでも多くの喜びや幸せを得られるよう、心から願っている。

２０２４年９月吉日

柳本忠二

講演の記録

和 暦 年 月	講演の名称、依頼先など
平成05年	八尾市環山楼塾 卒塾記念講演（八尾商工会議所）
平成06年10月	ダイカットシンポジウムジャパン’９４
平成09年05月	ＣＡＤシステム・抜型セミナー 講演
平成10年10月	ダイカットシンポジウムジャパン’９８
平成12年10月	ダイカットシンポジウムジャパン２０００
平成14年11月	ダイカットシンポジウムジャパン’０２
平成16年04月	近畿大学 理工学部 電気･電子工学科 入学記念講演
平成16年10月	ダイカットシンポジウムジャパン’０４　講演
平成17年03月	ＯＳＴＥＣ講演会、レーザー加工講演（大阪科学技術センター）
平成17年07月	微細・精密加工技術分野キックオフセミナー 講演（近畿経済産業局）
平成17年11月	大阪市産業経営協会、月例会講演
平成17年11月	大阪経済法科大学 経済学部 講演（学生対象）
平成17年11月	八尾ものづくりのおやじたち 講演（八尾市中小企業サポートセンター）
平成17年12月	北九州中小企業団体連合会　先進地訪問視察団 講演
平成18年04月	近畿大学 理工学部 電気･電子工学部 入学記念講演
平成18年04月	平成１８年度 特許庁 事務職員向け 研修・講演
平成18年05月	八尾市南木の本町会向け 講演 「天皇皇后両陛下をお迎えして」
平成18年06月	近畿大学大学院 総合理工学研究会向け 研究テーマ発表講演
平成18年06月	はりま産学交流会 視察研修 講演
平成18年10月	ダイカットシンポジウムジャパン’０６
平成18年12月	特許庁・近畿経済産業局、知的財産セミナー 講演
平成18年12月	大阪経済法科大学 経済学部 講演（学生対象）
平成18年12月	近畿経済産業局・関西大学の共催、経営戦略講座 講演
平成19年01月	２００８年度「関西ＩＴ活用企業百選」最優秀企業 講演
平成19年04月	八尾市商工会議所 一般工業部会 講演
平成19年06月	関西経済連合会・ＩＴ百選の会 講演
平成19年07月	大阪府技術協会 講演
平成19年08月	八尾レーザ微細加工研究会 講演
平成19年08月	知財インターンシップ成果普及フォーラム パネルディスカッション
平成19年09月	富山県魚津商工会議所 工場視察・講演
平成19年09月	全国情報・産業活性化センター 工場視察・講演
平成19年10月	広島県異業種交流協会 講演
平成19年11月	大阪市産業経営協会 人材育成塾 講演
平成19年11月	大阪府工業協会 経営と技術交流会 講演
平成19年11月	明日の関西会議 ベンチャー２００７ＫＡＮＳＡＩ フォーラム
平成19年11月	社団法人企業研究会 特徴企業経営者フォーラム 講演
平成19年12月	大阪府立布施工科高等学校「ものづくりフィールドワーク」
平成19年12月	近畿大学理工学部 技術講演
平成20年01月	八尾レーザ微細加工研究会 講演
平成20年01月	八尾市教育委員会 教頭研修会 講演「人材育成」
平成20年03月	八尾市立成法中学校 ＰＴＡ総会にて講演「人材育成」
平成20年03月	八尾東ロータリークラブ例会にて卓話講演「両陛下をお迎えして…」

付録

和暦年月	講演の名称、依頼先など
平成20年04月	国際ウェルディングショー 講演「技能伝承」
平成20年04月	大阪府中小企業家同友会 大阪南東支部 総会 講演
平成20年06月	近畿大学理工学部 学生向け技術講義（２講義）
平成20年06月	八尾市立南山本小学校 講演（人材育成）
平成20年06月	大阪大学 接合科学研究所 産学連携 シンポジウム 講演
平成20年07月	大阪府中小企業家同友会 八尾支部例会 講演
平成20年09月	けいはんなレーザ微細加工研究会 講演
平成20年09月	神戸生産技術研究会 講演
平成20年11月	国際アジア生産性機構企業研修 講演
平成21年01月17日	立命館大学「大阪八尾発50年後も輝く中小企業」発刊記念　講演
平成21年03月10日	Ｈ２０年度 ＡＭＰＩ ものづくり講演会
平成21年05月29日	近畿大学理工学部 学生向け技術講義　レーザー加工
平成21年06月05日	近畿大学理工学部 学生向け技術講義　ウォータージェット
平成21年07月24日	大阪大学 光科学フォーラムサミット パネリスト
平成21年07月27日	（財）関西生産性本部「産学フロンティア会議」講演
平成21年08月05日	近畿経済産業局主催、地域魅力発見バスツアー　講演
平成21年08月31日	知財インターンシップ成果普及フォーラム　基調講演
平成21年10月01日	社団法人京都工業会　工場見学・講演
平成21年11月16日	大阪市産業経営協会 人材育成塾 工場見学・講演
平成21年12月14日	社団法人大阪府工業協会 元気企業の社長講演
平成22年02月18日	関西電子産業協同組合、異業種企業見学交流会 講演
平成22年05月21日	近畿大学理工学部 学生向け技術講義　レーザー加工
平成22年05月28日	近畿大学理工学部 学生向け技術講義　ウォータージェット
平成22年12月02日	大阪大学特別講義「ビジネス界のリーダーとのディベート」
平成23年02月28日	大阪市経済局関連３団体主催「ビジネスノウハウてんこ盛り」講演会
平成23年03月11日	社団法人色材協会関西支部 特別講演
平成23年03月11日	**14時46分頃　東日本大震災が起きる**
平成23年03月26日	愛知県トムソン工業協同組合 講演
平成23年05月27日	近畿大学理工学部　技術講義　レーザー加工
平成23年06月03日	近畿大学理工学部　技術講義　ウォータージェット
平成23年06月14日	大阪市産業経営協会　月例会 講演
平成23年07月08日	大和高田市主催「人権セミナー（介助犬の育成）」講演
平成23年07月13日	ニューファクトリー開発協会 講演
平成23年08月09日	大阪市産業経営協会　月例会 講演
平成23年10月18日	大阪市産業経営協会　月例会 講演
平成23年12月21日	ＪＡ共済連　H23年度総会　記念講演
平成24年01月19日	大阪大学　ＩＣＴ&ディベート 講義
平成24年02月13日	大阪市産業経営協会　月例会 講演
平成24年05月25日	近畿大学理工学部　技術講義　レーザー加工
平成24年05月29日	紙器段ボール最新技術セミナー 講演
平成24年06月01日	近畿大学理工学部　技術講義　ウォータージェット
平成24年06月08日	大阪科学技術センター企業訪問 講演

和暦年月	講演の名称、依頼先など
平成24年06月13日	企業における太陽光発電の導入事例 講演
平成24年08月07日	大阪市産業経営協会 月例会 講演
平成24年08月28日	近畿経済産業局主催、第１回 産学官連携推進会議 講演
平成24年10月15日	大阪市産業経営協会 人材育成塾 開講式 講演
平成24年11月06日	大阪府技術協会 レザック工場見学 講演
平成24年11月11日	ＪＡ共済 奈良県本部にて「ものづくりと介助犬」 講演
平成25年01月10日	大阪大学 ＩＣＴ＆ディベート 講義
平成25年01月21日	大阪市産業経営協会 人材育成塾 企業訪問講演
平成25年03月06日	奈良高専 技術フォーラム 講演
平成25年05月31日	近畿大学理工学部 技術講義 レーザー加工
平成25年06月07日	近畿大学理工学部 技術講義 ウォータージェット
平成25年09月06日	社団法人京都工業会 工場見学・講演
平成25年10月07日	大阪市産業経営協会 人材育成塾 開講式 講演
平成25年10月19日	ハッピーアースデイ大阪 2013秋 講演とデモンストレーション
平成25年10月24日	奈良県宇陀市立室生西小学校 体験と講演
平成25年12月19日	大阪大学 ＩＣＴ＆ディベート 講義
平成26年03月22日	ハッピーアースデイ大阪 2014春 講演とデモンストレーション
平成26年05月16日	社団法人奈良産業経営協会によるレザック工場見学・講演
平成26年05月20日	地域老人会 さくらんぼの会による訓練所の見学・講演
平成26年07月25日	異業種交流団体みつばち会によるレザック工場見学・講演
平成26年09月25日	高知県技術者協会によるレザック工場見学・講演
平成26年10月14日	大阪市産業経営協会 人材育成塾 開講式 講演
平成26年10月23日	大阪市産業経営協会 秋の文化会 訓練所の施設見学・講演
平成26年11月07日	近畿大学理工学部 技術講義 レーザー加工
平成26年11月13日	なにわ木鶏クラブ月例会 講演
平成26年11月14日	近畿大学理工学部 技術講義 ウォータージェット
平成26年12月11日	京都工業会 中小企業技術幹部 交流会 講演
平成27年03月14日	ハッピーアースデイ大阪 2015春 講演とデモンストレーション
平成27年05月19日	大阪府工業技術大学校 技術講演
平成27年10月16日	近畿大学理工学部 技術講義 レーザー加工
平成27年10月23日	近畿大学理工学部 技術講義 ウォータージェット
平成28年01月28日	奈良県立榛生昇陽高校福祉科にて「介助犬の講演と体験」
平成28年02月26日	京都工業会 講演（産学連携）
平成28年03月19日	ハッピーアースデイ大阪 2016春 講演
平成28年09月11日	和歌山県の福祉施設「てんとうむし」による見学・講演
平成28年10月07日	兵庫県姫路市 姫路商工会議所によるレザック工場見学・講演
平成28年10月18日	橿原市福祉総務課の研修にて施設の見学と講演
平成28年10月28日	近畿大学理工学部 技術講義 レーザー加工
平成28年11月11日	近畿大学理工学部 技術講義 ウォータージェット
平成28年11月17日	大阪府枚方市樟葉北小学校児童向け「介助犬の講演と体験」

付録

和暦年月	講演の名称、依頼先など
平成28年11月18日	滋賀県草津市　草津商工会議所によるレザック工場見学・講演
平成28年11月25日	奈良県立榛生昇陽高校福祉科にて「介助犬の講演と体験」
平成28年12月06日	東大阪市立加納小学校にて「介助犬の講演と体験」
平成29年03月25日	ハッピーアースデイ大阪 2017春　講演とデモンストレーション
平成29年08月30日	大阪府立西淀川支援学校にて、介助犬とのふれあいと講演
平成29年10月19日	和歌山県紀の川市役所人権推進課による介助犬施設の見学と講演
平成29年10月21日	大阪府八尾市 主催　八尾市民大学講座 にて講演
平成29年10月25日	奈良県桜井市立城島小学校にて、介助犬とのふれあいと講演
平成29年11月16日	近畿大学理工学部　技術講義　レーザー加工
平成29年11月25日	三重県四日市で開催「シルバーフォーラムみえ」にて、講演と広報活動
平成29年11月28日	東大阪市立加納小学校にて「介助犬の講演と体験」
平成29年12月07日	近畿大学理工学部　技術講義　ウォータージェット
平成30年02月01日	奈良県立榛生昇陽高校福祉科にて「介助犬の講演と体験」
平成30年02月08日	奈良県桜井市立桜井西中学校にて「介助犬の講演と体験」
平成30年03月24日	ハッピーアースデイ大阪 2018春　講演とデモンストレーション
平成30年05月18日	やお文化協会の総会にて　記念講演
平成30年09月26日	中央電気倶楽部の総会にて　記念講演
平成30年10月01日	大阪府立阿武野高校福祉科にて「介助犬の講演と体験」
平成30年10月16日	大阪府立西淀川支援学校にて、介助犬とのふれあいと講演
平成30年10月23日	大阪府八尾市の清友幼稚園にて「介助犬の講演と体験」（近畿介助犬）
平成30年11月07日	大阪府茨木市立清渓小学校にて、介助犬とのふれあいと講演
平成30年11月19日	大阪府泉佐野市立長坂小学校にて「介助犬の講演と体験」
平成30年12月11日	東大阪市立加納小学校にて「介助犬の講演と体験」
平成31年01月31日	奈良県立榛生昇陽高校福祉科にて「介助犬の講演と体験」
平成31年03月23日	ハッピーアースデイ大阪 2019春　講演とデモンストレーション
平成31年06月07日	兵庫県豊岡市但東地区の民生委員による施設の見学と講演
平成31年06月23日	京都市にて開催された「交通安全伏見区民大会」にて体験コーナーと講演
平成31年10月09日	大阪府茨木市立忍頂寺小学校にて「介助犬の講演と体験」
平成31年11月11日	大阪府茨木市沢池小学校にて「介助犬の講演と体験」
平成31年11月19日	奈良県桜井市立城島小学校にて「介助犬の講演と体験」
平成31年11月25日	東大阪市立加納小学校にて「介助犬の講演と体験」
平成31年12月09日	奈良県立榛生昇陽高校福祉科にて「介助犬の講演と体験」
平成32年02月12日	東大阪市立布施小学校にて「介助犬の講演と体験」
令和02年04月	新型コロナウィルス感染症の影響
令和02年12月17日	近畿大学理工学部　技術講義　レーザー加工　オンライン
令和02年12月24日	近畿大学理工学部　技術講義　ウォータージェット　オンライン
令和03年12月23日	近畿大学理工学部　技術講義　レーザー加工　オンライン
令和04年01月13日	近畿大学理工学部　技術講義　ウォータージェット　オンライン
令和04年12月22日	近畿大学理工学部　技術講義　レーザー加工　リアル
令和05年01月12日	近畿大学理工学部　技術講義　ウォータージェット　リアル

【著者プロフィール】

柳本忠二（やなぎもと ちゅうじ）

1944年9月4日。和歌山県生まれ。

中学3年生の夏に大阪に出奔。住み込みで八百屋で働いた後、紙器会社で職人として技術を磨き、19歳で抜型屋「菱屋」を設立する。業界で初めて500Wレーザー加工機を導入し、独学で機械とCADシステムの開発を開始。機械製造部門を「株式会社レザック」として独立させた。

2005年に天皇陛下・皇后陛下のご視察を受けて人生観が変わり、「NPO法人 近畿介助犬協会」を設立。15年にわたり介助犬の育成と普及に力を尽くした。

2006年9月には関西大学の非常勤講師となり、近畿大学や大阪大学でも10年以上講義を続けた。著書に『CADシステムの新構築』『実践・新時代のCADシステム』『CADシステムとレーザー』（クリエイト日報出版）がある。

叩けよ、さらば開かれん
　―19歳で起業した会社が行幸啓を賜る、その旅路―

2024年9月30日　第1刷発行
著　者――柳本忠二
発行者――高木伸浩
発行所――ライティング株式会社
〒603-8313 京都市北区紫野下柏野町22-29
TEL：075-467-8500　FAX：075-468-6622

発売所――株式会社星雲社（共同出版社・流通責任出版社）
〒112-0005 東京都文京区水道1-3-30
TEL：03-3868-3275

カバーデザイン：横野由実
印刷製本：有限会社ニシダ印刷製本

ISBN：978-4-434-34668-2　C0034 ￥1500E